손수조,

장례지도사가 된
청년 정치인

85년생 정치단절녀 이야기

손수조,

장례지도사가 된
청년 정치인

손수조 지음

예미

다시 태어나는 심정으로

"나한테 왜 그랬어. 그때 나한테 왜 그랬어!"

화장장에서 여동생은 언니를 향해 발악하며 울부짖었다. 엄마가 돌아가시고 육신을 불태우는 그날, 자매는 그간 묵혀두었던 감정을 모두 토해냈다. 도저히 추스를 수 없는 감정들이 울음에 섞여 밖으로 나오고, 함께 부둥켜안고 운다. '화해'. 어깨를 두드리고, 등을 쓰다듬고 손을 잡고 같이 걸어간다. 한 줌으로 돌아온 엄마의 유해를 마주할 시간. 하늘나라로 간 엄마가 다시 새롭게 살도록 만들어 준 날들이 앞으로 펼쳐지겠지.

"어머니 죄송해요. 죄송합니다."

입관하는 날. 며느리는 거의 바닥에 자지러져 일어나지를 못했다. 관 가까이 오지도 못했다. 한 발 치 떨어진 그곳에서 그저 주저 앉아 울었다. 그의 손을 붙잡아 주고 안아준 이는 시누이였다. 가슴 팍에 얼굴을 묻고 운다는 건 이런 모습일 거야. 고인의 육신을 마지막으로 보고 딱딱한 관에 넣어 드리는 이 순간. 외면해왔던 모든 감정이 올라온다. 서로의 상처들이 보이고 서로를 위로한다. 애써 모른 척 넘어갔던 일들, 그 일로 주고받았던 상처. 미처 다 회복하지 못한 마음의 병들을. 돌아가신 어머니는 마지막으로 우리를 이렇게 한자리에 다 모아 '화해' 하게 하신다.

　'장례'란 그런 것이라 생각한다. '죽음'이 '삶'을 낳는 것. 다름 아닌 '화해'의 과정을 통해 치유 받는 시간. 집집마다 사연은 다 있다. 사람마다 상처는 다 있다. 각각의 패턴이 다를 뿐, 우리 모두는 꾹꾹 묻어둔 나만의 아픔이 있다. 그 상처를 안은 채 사랑하는 이의 죽음 앞에 서는 일이 장례식이다. 인간으로서는 도저히 어찌할 수 없는 근본적인 무기력과 슬픔. 다 내려놓을 수밖에 없다. 죽음 앞에 돈이 뭐 필요하며, 권력이 무슨 소용인가. 한없이 미약한 우리는 애써 부여잡고 살던 못난 감정들의 끈을 놓아버린다. 그래 그래야 한다. 풀어헤치고 토해내어야 다시 산다. 나의 상처를 마주하며 나와의 화해를 하고, 서로의 상처를 확인하며 서로 화해하기도 한다. 그래서 '장례'는 다시 사는 일이다.

'정치'도 똑같다. 좌우의 극명한 대립 속에 20대 대통령 선거는 역대 초박빙이었다. 지역별, 세대별, 성별 대립 역시 극에 달했다. 서로가 감춰둔 상처가 있다. 좌파는 좌파대로 상처가 있고, 우파는 우파대로 상처가 있다. 호남은 호남대로 영남은 영남대로, 기성세대는 기성세대대로 청년은 청년대로 상처기 있다. 여성은 여성대로 남성은 남성대로 상처가 있다. 서로 그 상처를 봐 줄 수 있어야 한다. 나의 솔직한 감정을 토해내고, 자기비판과 자기반성을 하고 상대를 안아 줄 수 있어야 한다. 그렇게 '화해'하지 않으면, '정치'는 다시 살 수 없다. 2022년 대한민국의 정치를 바라보는 많은 국민들은 이 극에 달한 사회 갈등을 너무나 우려하고 있다. 죽음만큼이나 비장한 각오로, 다시 태어나지 않는다면 정말 이 나라의 미래는 있을까? 정치교체, 세대교체는 이제 벼랑 끝에 몰린 시대적 과제다. 새로운 대통령이 탄생한 만큼 새로운 기대를 걸어본다.

삶과 죽음이 공존하는 현장에서 일하는 나는 장례지도사다. 그리고 10년 전에는 문재인 대통령과 국회의원 선거를 치른 정치인이었다. 스물일곱 손수조는 정치권에서 무엇을 느꼈으며, 서른일곱 손수조는 왜 장례지도사가 되어 지금 어떻게 살아가는지….

이 책은 나의 상처와 숨겨둔 감정을 토해내고, 삶을 이어나가려는 방편이기도 하다. 실제로 이 책을 내기까지 꼬박 2년을 넘어

3년을 향해가고, 그 과정은 나에게 치유의 시간이었다. 더불어 나의 이야기가 정치를 꿈꾸는 이에게 조금이나마 도움이 되는 경험기가 되길, 나름의 상처를 안고 살아가는 이들에게 위로가 되길 바라본다.

차례

스물일곱 손수조, 정치에 도전하다

선거의 상처들

서른일곱 손수조, 정치를 말하다

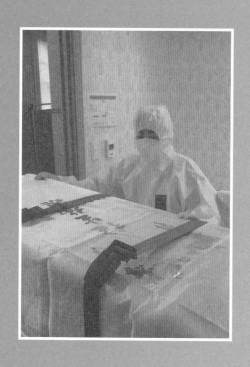

새로운 시작

장례지도사에
도전하다

정치를 하며 많은 민원이 들어왔었다. 이런 어려움 저런 어려움들이 있었다. 그중 가장 절실한 민원은 주변 누군가가 아플 때였다. 어머니 아버지가 급한 수술이 필요하거나 아내 혹은 남편이 많이 아프거나, 내가 직접적인 도움을 드릴 수는 없었다. 그저 누구를 소개해 드리거나 좋은 병원에 대한 정보를 드리거나 했을 뿐 그 안타까움과 절실함을 옆에서 지켜보는데 나는 정작 입으로만 위로해 드릴 뿐 아무 힘이 없었다. 내가 아무 도움이 되지 못하는 것 같아 초라하기까지 했었다. 정치인이 의사도 아닌 이상 뭐 어쩔 도리가 없었다.

누군가에게 도움이 되는 사람이고 싶었다. 그 뿌듯함으로 나는 멋지게 살고 있다고 자부하고 싶었는데, 정치로는 내가 국회의원에 당선도 못 되었으니 실질적인 도움을 주는 사람은 아닌 것 같았다. 진짜 사람들에게 실질적인 도움이 되는 사람은 '의사가 최고구나!' 하는 생각을 했었다. 그래서 우리 아기들도 나중에 커서 의사가 되었으면 좋겠다는 생각마저 들었다. 정말 사람이 힘들고 절실할 때 그 의사의 기술로 도움을 줄 수 있으니 얼마나 좋겠냐 싶었다.

두 번의 선거에 낙선하고, 집에서 방콕하며 나는 생각했다. 지금도 늦지 않았는데 내가 직접 의사에 도전해볼까? 의학전문대학원에 들어가려면 어떻게 해야 하지? 의전원 입시요강을 살펴보고 예상문제도 뽑아 풀어보곤 했다. 그러나 그 당시 우리 아기들은 밤에도 깨서 수유를 해야 하는 갓난아기들이었고, 아기들 재워놓고 공부해서 의전원을 가겠다는 것은 어림도 없는 생각이었다. 이생망(이번 생에서는 망했다.)이었다. 한 달도 되지 않아 그 꿈만 같았던 꿈은 사라졌고 하루하루 현실을 살아갈 뿐이었다.

아기들이 7살, 5살이 되고. 나에게 내 시간이 주어진 어느 날. 내가 먹고살 걱정을 하고 있던 어느 날. 지인으로부터 같이 사업을 하자는 제안을 받았다. 후불제 상조회사였다. 장례업계에서 새로운 플랫폼을 만드는 스타트업이었는데, 아이디어가 꽤 마음에 들었다. 사실 이것저것 따질 형편도 아니었다. 따로 자본금이 있어야 하는 것도 아니었고, 열정 하나로 함께 바닥부터 시작하자는 콘셉트라 허들이 낮았다. 무엇보다 지난 몇 년간 집에서 애만 키우다 나온 자존감 바닥의 경단녀에게 '당신은 아주 잘할 수 있다'라는 자신감을 심어주었고, 나를 인정해 주었다. 열정을 쏟아붓지 않을 이유가 없었다.

처음에는 그저 스타트업 멤버이자 사외이사와 같은 포지션으로 진행을 했다. 하지만 내 성격상, 이 업계에 발을 들이려면 바닥부터 제대로 알아야 한다 생각했다. 이 업계의 가장 큰 허들은 아마 '죽은 고인을 마주하는 일' 아닐까? 나는 입관식에 참관하였다. 큰 거부감은 없을 것이라 자부했다. 왜냐면 그래서는 안 되기 때문이었다. 나는 이 일을 해야 하고, 거부감을 가지면 이 일을 할 수 없기 때문에 나는 무조건 잘할 수 있고 잘해야만 했다. 입관실로 덤덤하게 들어갔다. 주로 안치실 옆에 입관실이 붙어있다. 안치실은 더더욱 들어가 본 적이 없고, 초등학교 3학년 때 할아버지가 돌아가실 때 집에서 장례를 치른 이후로는 장례 경험이 없어 입관실도 난생처음이었다.

이준석 대표 당선 날,
저는 처음 망자를 보내드렸습니다

조금은 어둡고 축축한 느낌. 밖은 쨍쨍한 6월 한여름의 대낮이었지만, 내 느낌이었을까? 비 오는 날 야간학습 중 아무도 없는 과학실을 들어가는 느낌이었다. 물론 나 혼자는 아니었고 장례지도사들과 함께였다. 제발 나를 혼자 두고 어디 가지 마…. 하는 생각이 들었다. 장례지도사가 영화 속에서 보았던 냉장고처럼 생긴 안치실의 시신 보관함의 문을 딸각 열었다. 마음의 준비를 했다. 우리가 담당한 고인의 이름을 잘 확인하고 스르륵 머리부터 발끝까지 하얀 수시포로 덮인 고인을 맞이했다. 염습을 위해 염습판 위로 고인을 모셨다. 고인이 입고 있던 옷을 벗기고, 수시포를 걷었다. 그리고 고인의 얼굴을 마주했다. 할머니는 아주 편안하게 주무시고 계셨다. 무섭고 두려운 생각은 날아갔다. 전혀 거부감이 없었다.

새로운 시작

고인을 깨끗이 닦는 습의 과정과 반듯하게 묶는 염의 과정이 진행되었다. 수의를 입히고 한 송이의 꽃처럼 곱게 치장을 해 드리고 그렇게 소렴 대렴의 과정이 이어졌다. 유족분들은 마지막 고인과 인사를 하며 오열하기도 하고, 한없이 사랑한다는 말을 되뇌기도 했다. 오히려 그 순간이 가장 힘들었다. 눈물을 참을 수가 없었다. 입관의 과정은 참으로 묘했다. 처음 그 터져 나오는 감정들이 조금씩 조금씩 고인이 곱게 옷을 차려입고 단정되어 갈수록 정리가 되고 잦아 들어갔다. 입관을 마치고 올라가는 유족분들은 장례지도사의 손을 꼭 잡고 몇 번이고 고맙다는 말을 하셨다. 마지막을 함께 한다는 의미는 꽤 컸다. 내가 그 슬픔을 위로하는 데 도움이 된 사람이었다.

첫 입관의 경험은 내가 이 일을 정말 진지하게 받아들여야겠다는 확신을 주었다. 살면서 누구나 돈을 벌기 위해 일을 하고, 수익을 창출하는 것이 경영의 제1 목적이지만, 사업을 하고 일을 하면서 이렇게 가슴 따뜻한 일이 또 있을까 싶었다. 봉사가 아니고서 이렇게 내가 누군가에게 도움이 되는 사람이라는 느낌을 가지고 일을 할 수 있다는 것은 '참, 행운이구나' 생각했다.

입관을 마치고 식사를 하는데, TV에서 이준석 당 대표의 당선 소식이 속보로 흘러나오고 있었다. 내 일인 듯 기뻤다. 덩달아 나도 축하 전화를 받기도 했다. 다들 내가 이준석 당 대표 당선으로 다시 정치에 복귀하거나, 한 자리를 맡는 줄 알았다. 하지만 내 발길이 있는 곳은 여의도가 아니었다. 나의 길은 조금 달랐다.

장례지도사 교육

　　장례지도사는 흔히들 '장의사'로 알고 있다. 예전엔 동네에 장례를 진행해 주시는 장의사분들이 계셨다. 요즘은 상장례 문화를 전문적으로 익히고 공부하는 대학의 전공 학과도 생기고, '장례지도사'라는 국가 자격증이 있어야만 이 일을 할 수 있다. 나처럼 사회에서 다른 일을 하다가 이 일을 하려고 할 때는 지정 교육원에서 교육을 받는 방법이 있다. 취업 지원을 위해 국가에서 국비 지원도 된다. 내일배움카드를 발급받아 국비로 자격증 준비과정을 지원했다. 약 한 달 반의 일정이었고, 오전 9시부터 오후 5시 반까지 매일 월요일부터 금요일까지 수업을 듣는 과정이었다. 책상에 그렇게 오래 앉아 있어 본 지가 언제인가 싶었다.

첫 시간에 자기소개를 했다.

"안녕하세요. 저는 손수조라고 합니다."

내 이름을 아는 사람도 있고 모르는 사람도 있겠지? 은근히 알은 체를 안 하셔도 이름이 좀 특이한 덕에 손수조를 아는 분들이 꽤 있다. 총 12명의 학생이 한 반으로 구성되었는데, 연령대가 거의 2030이었다. 굳이 나의 정체를 숨길 필요도 없고 해서 나는

"정치 쪽에서 일했었습니다."

라고 커밍아웃을 했다. 어떤 분은 전혀 나에 대해 모르시고는

"정치? 사회 경제 문화 할 때 그 정치?"

하시며 신기하다는 듯 눈을 동그랗게 뜨기도 하셨다.

"진짜로 이 일을 하려고 배우시는 거예요?"

하며 내가 거기에 왜 왔을까를 궁금해하는 친구도 있었다.

공통의 관심사를 가지고 한 반으로 묶여 매일매일 함께 생활하고 밥도 같이 먹으니 정이 쌓였다. 처음에는 데면데면했지만, 이내 가까워져 돈독해졌다. 오랜만에 학교에 다니는 것 같이 시간도 잘 갔다. 몇 시간을 딱딱한 책상에 앉아 지루한 장사법규와 같은 이론 수업을 듣는 것은 고역이었지만, 같은 반 친구들과 함께 투덜거리는 재미도 있었다. 실습시간은 유일하게 우리가 역동적으로 움직일 수 있는 시간으로, 모두가 좋아했다. 고인을 대신한 마네킹에 염습과 소렴 대렴의 과정을 수도 없이 반복했다. 처음에는 방금 본 것도

새로운 시작

내가 해보면 안 되고, 어제 다 배운 것도 오늘 다시 하면 머리가 하얘지곤 했다. 하지만 수업이 후반부로 갈수록 손이 빨라지고 정교해지며 전체 과정이 손에 착착 감겼다. 남자들에 비해 힘이 부족해 걱정했지만, 오히려 정교한 작업으로 야무진 일처리를 뽐낼 수 있었다.

나의 첫 장례지도

"너무 준비가 안 됐는데 벌써 돌아가셨어. 수조 씨가 좀 도와줄 수 있어?"

영등포에서 아는 언니와 심각한 이야기를 나누며 삼겹살을 먹고 있는데, 다급한 전화가 왔다. 지인의 처가댁 할머니가 돌아가셨다는 소식이었다. 아직은 많이 부족하고 현장에서 배울 것이 더 많이 남았지만, 동료들의 도움을 받아 첫 장례식을 진행하기로 했다.

할머니는 요양병원에서 돌아가셨다. 임종을 전달받은 장례지도사는 대략 2시간 이내에 현장에 출동한다. 그리고 가장 시급한 것은 화장장 예약이었다. 우리나라 화장장 시설이 부족하고 예전보다 화장을 하는 비율이 워낙 높아져 약 90% 이상이 화장을 하는 추세기 때문에 화장장 예약이 전쟁이다. 빈소와 화장장 예약을 하고 나면, 본격적으로 거래처 발주를 해야 한다. 유족들이 입을 상복, 장례용품, 버스와 리무진 그리고 서빙과 주방을 봐주실 도우미분들도 배치해야 한다. 혹시나 하나라도 빠트리면 대형 사고다. 꼼꼼함과 세심함은 장례지도사에게 필수다.

다음 날 아침 7시, 장례식장으로 향했다. 장례식장은 파주에 있었다. 파주라는 곳은 난생처음 가보는 곳. 내가 있는 곳에서 약 1시간 남짓을 달려 도착했다. 길치였던 나에게 또 하나의 도전은 초행길을 가는 것과 처음 가는 장례식장에서 입관실을 찾는 것이다. 도무지 큰 건물들은 주차장과 장례식장 빈소와 입관실이 미로처럼 되어있어 한참을 헤매곤 한다. 다행히 이 장례식장은 작은 규모에 주차장, 장례식장, 입관실 위치가 한눈에 파악되었다. 그리고 유족들을 만났다. 자살이나 자녀가 먼저 사망한 경우가 가장 분위기가 좋지 않았고, 그래도 건강하게 오래 사시고 돌아가신 경우는 분위기가 비교적 덜 무겁다. 이번 케이스도 할머니께서 103세 장수를 하셔, 처음 분위기는 차분하고 조용했다. 이제 3일간 우리는 가족이 되는 것이다.

1일 차 업무가 어느 정도 정리가 되고 나면 2일 차 입관 준비에 들어간다. 사망진단서를 확인하고 화장인지 매장인지에 따라 그에 맞춰 입관을 준비하고, 고인의 종교도 확인한다. 입관이란 고인분을 관에 모시는 과정으로 수시와 염습의 과정이 진행된다. 유족분들이 마지막으로 고인에게 인사를 하는 시간이므로, 장례 절차 중 가장 중요한 부분이다. 유족분들과 상담 결과, 할머니는 화장을 하시고 기독교 장으로 준비하면 되었다. 얼굴을 가리지 않는 오픈형 입관을 원하셨고, 얼굴에 곱게 화장을 해 주길 원하셨다. 그리고 꽃을 준비해 관 속에 헌화하시고자 했다.

입관 준비는 장례지도사들이 가장 신경을 많이 쓰는 부분이다. 할머니의 크기에 맞춰 관을 준비했고, 수의를 비롯하여 각종 입관용품을 준비한다. 염지로 깨끗하게 접어 종이 속옷(지의紙衣)을 준비하고, 알코올 솜과 탈지면을 준비한다. 꽃을 준비하고 핀셋, 가위 등 각종 도구와 메이크업 장비도 준비한다. 빠트린 것이 없는지 온종일 체크 한 것 같다. 워낙 다양한 상황과 요구가 있기 때문에 주변 교수님이나 팀장님들의 차를 보면 늘 짐이 한가득 실려 있다. 여행 캐리어 4개를 들고 다니시는 교수님도 보았다. 내가 진행하는 첫 입관. 모든 도구를 내 것으로 새로 세팅했다. 입관에 들어갈 때 입는 염습복과 장갑, 마스크도 잘 준비하여 넣었다.

입관 시간은 2일 차 오전 10시로 잡혔다. 입관 시간은 장례식장 사정과 유족분들이 최대한 많이 참석할 수 있는 시간을 잘 조율하여 정한다. 보통은 1시간이 주어진다. 앞뒤로 입관 일정이 연이어 잡혀 있는 경우가 많아 시간을 무한정으로 쓸 수 있는 것은 아니다. 새벽에 공수받은 꽃을 받자마자 코사지 만드는 작업을 시작했다. 역시 장미와 안개 그리고 노란 수국이나 프리지어가 들어가야 예뻤다. 가시와 잎사귀 등을 잘 다듬어 코사지를 만들었다. 나중에 유족분들이 한 송이 한 송이 할머니 관 옆에 넣어드릴 것이다. 염지로 종이꽃도 만든다. 너무 딱딱한 관 바닥이라 종이로 꽃을 만들어 폭신폭신하게 꽃 침대를 만들어 드리기 위함이다. 한지로 속옷도 접는다. 등, 가슴, 배, 팔, 다리, 발 모두 깨끗하게 싸 드릴 수 있도록 준비하고, 탈지면을 이용해 기저귀와 베개도 직접 만든다.

9시가 되어 입관실이 열리면, 우선 유족 중 한 분이 오셔서 고인 분의 얼굴을 확인한다. 확인이 끝나고 나면 알코올 솜으로 깨끗하게 닦아 드리는 일부터 시작한다. 할머니는 작으셨고 많이 마르셨다. 하지만 눈을 가만히 감고 계시는 모습이 살아생전에 정말 인자하셨을 것 같다는 인상을 받았다. '할머니, 깨끗하고 예쁘게 해 드릴게요. 좋은 곳으로 가세요.' 마음속으로 이렇게 말한다. 고인분이 돌아가시고 시간이 좀 지났기 때문에 사후경직이 일어난다. 또 차가운 냉장고에 안치되어 계셨기 때문에 더욱더 몸이 뻣뻣해져 있기 마련이다. 마사지를 해야 한다. 주물러 드리고 손가락 발가락을 펴 드리고 팔과 다리의 근육을 풀어드린다. 할머니는 오래 누워 계셨는지 등과 엉덩이 쪽이 많이 헐어 있으셨다. 마지막 순간에 변도 조금 보셨다. 모두 깨끗하게 닦아드린다. 얼굴도 깨끗하게 닦아 드리고 머리도 예쁘게 정돈해 드린다. 너무 과하지 않게 메이크업을 해드렸다. 촉촉하게 크림을 바르고 그 위에 베이스를 바르고, 조금 더 또렷해지도록 눈썹도 그린다. 연한 분홍색의 립스틱을 바르고 마무리한다.

고인분의 화장은 유족분들과 잘 상의해서 진행한다. 좀 화려하고 진하게 해 주길 원할 수 있고, 자연스럽고 편하게 하는 것을 좋아하시기도 한다. 유족분들에게 마지막으로 기억될 고인분의 모습이기에, 섬세하고 꼼꼼하게 챙겨야 했다. 이제 유족분들을 모시러 갈 순간이다. 옷매무시를 다시 가다듬고 마음의 준비를 하고 유족분들을 모신다. 대부분은 입관실에 들어서는 순간 오열을 하시는데, 나는 그 모습을 보면 같이 눈물이 터지기 때문에 잘 참아야 한다.

"엄마 엄마, 얼굴도 못 보고 보냈는데 이렇게 만나면 어떡해⋯. 나 이제 어디 가서 엄마 불러⋯."

가장 많이 우시는 분들이 보통 따님과 며느리분들이다. 아드님이 우시는 경우도 많다. 그 모습은 왠지 더 가슴이 찢어진다. 우시는 분들을 너무 달랠 필요는 없다. 어느 정도 감정을 다 쏟아 내시도록 둔다. 그리고 조금 진정이 되면 과정을 진행해도 늦지 않다. 할머니를 닦아 드렸을 때의 상태에 대해 전해 드리고, 어떤 과정들을 진행했는지 알려드린다. 그리고 고인분과 충분히 마지막 인사를 하실 시간을 드린다. 종교에 따라 기도를 드리는 시간도 드리고 얼굴과 몸을 만져보고 온기를 전할 수 있도록 해 드린다. 그리고 준비가 되었으면 몸을 가지런히 묶는 염을 해 드린다. 어깨부터 발끝까지 총 7 매듭을 묶어 관에 모실 준비를 한다. 예쁜 꽃 모양으로 매듭을 모두 지어드렸다. 모두가 지켜보는 가운데 온 힘을 쏟아 메를 지었는데, 3번째 4번째 메를 묶을 때부터 사실은 손이 엄청 떨렸다. 너무 긴장해서 온몸에 힘이 바짝 들어간 것이다. 나중에 발인이 다 끝나고 안 사실이지만 유족 중 한 분이 그 모습이 정말 고마웠다고 말씀을 하시며, 너무 예쁘게 해 주어서 메 잡는 모습을 사진 찍어 두셨다고 하셨다. 그 말씀과 마음 덕분에 다들 이 일을 하는 것 같다.

입관이 종료되면 종교에 따라 제사를 지내는 곳도 있고 예배를 드리는 곳도 있다. 그 과정이 끝나면 3일 차에 진행되는 발인 일정에 대해 컨설팅을 한다. 발인에서부터 1차 장지인 화장장에서의 과정 그리고 2차 장지인 봉안당이나 수목장에서의 과정 등을 설명해 드린다. 3일 차에는 외부에서 진행되는 일정이기 때문에 가족 모두가 흩어지지 않고 일사불란하게 움직일 수 있도록 하는 것이 중요하다. 우리 모두는 장례라는 절차에 익숙하지 않기 때문에 장례지도사들은 늘 꼼꼼하고 자세하게 유족들에게 설명을 해 주어야 한다. 장례식장마다 발인하는 방식과 위치가 다르기 때문에 미리 파악해두는 것도 중요하다. 미리 배차해둔 버스와 리무진을 다시 한

번 확인하고 유골함과 장지도 다시 한번 체크한다. 사람이 하는 일인지라 혹시나 할 수 있는 실수를 미연에 방지하기 위해 체크리스트를 만들어 두었는데 약 20개는 되는 것 같다. 정해진 일정 속에 많은 가족이 동시에 움직이는 장례라는 행사에서, 나 하나의 실수로 모든 가족의 모든 일정이 피해를 본다면 이것은 정말 아찔한 사고다. 가장 힘들고 예민한 때이기 때문에 조금이라도 실수하거나 심기를 거스르고 불편한 상황이 생기면 수습하기가 매우 힘들다.

3일째 발인은 오전 8시. 보통 한두 시간 전까지 빈소에 도착하여 대기한다. 새벽 5시 일어나 준비를 하고 출발한다. 첫날은 첫날이라 긴장해서 잠을 설치고, 둘째 날은 첫 입관이라 긴장되어 잠을 설쳤다. 새벽 4시까지 잠이 안 온다. 그러다 잠시 한 두 시간 자고 벌떡 일어나 준비를 한다. 꼭 선거할 때처럼 잠을 설쳤다. 그러다 보니 3일 차에는 정말 좀비 상태다. 졸음운전에 특히 조심해야 한다. 눈을 깜빡 감으면 졸고, 그 졸음을 쫓으려 신경 쓰다 보니 두통이 온다. 비가 억수같이 내리는 날이었다. 특히나 운전을 조심하며 천천히 이동했다. 3일째에 만나는 유족들은 이제 한 가족 같다. 입관을 기준으로 한층 더 가까워진 것 같았다. 나도 할머니를 직접 내손으로 모셔서 더욱 가족 같은 느낌이 들고, 가족들도 우리 어머니 할머니를 위해 애써준 장례지도사에게 고맙고 친근한 마음을 가진다. 무엇보다 우리는 힘든 일을 같이 치르고 있는 상황이기에 서로

의지하게 되는 것이다.

　목사님이 오시고 빈소에서 예배를 드린 뒤 발인이 진행되었다. 운구하실 분들을 4명~6명 정도 미리 정해두고, 손자가 주로 영정사진과 위패를 든다. 엄숙한 분위기 속에서 발인이 진행되고 가족분들의 동선이 편안하게 이루어지도록 인솔한다. 우리도 버스에 같이 탑승하여 장지까지 이동했다. 장례식장에서 그리 멀지 않은 곳에 화장장이 있었다. 항상 영정사진을 선두로 하여 줄을 지어 이동한다. 8시 발인에 10시 화장이었다. 화장장에는 적어도 한 시간 전에는 여유 있게 도착할 수 있도록 한다. 가끔 사망진단서와 같은 서류를 빠트리거나 짐을 빠트리거나 해서 다시 장례식장으로 돌아가거나 하는 일도 생긴다고 한다. 화장장 접수가 끝나면 잠시 대기를 하였다가 시간에 맞춰 화장장으로 입장한다. 입관에 이어 가장 유족분들이 슬퍼하고 힘들어하는 시간이 장지에서 고인을 보내드릴 때이다. 만약 입관 때 졸도를 하셨거나 하는 분이 계셨다면, 화장장에서는 보시지 않는 것을 권해드린다.

　화장은 약 1시간 30분가량 소요된다. 화장이 끝나면 가족을 인솔하여 수골하는 곳으로 이동한다. 한 줌으로 돌아온 고인분을 마주하며 또 한 번 마음이 쿵 내려앉는다. 이제 2차 장지인 봉안당으로 고인을 모시기 위해 이동한다. 하필 비가 부슬부슬 계속해서 내린다. 봉안당에 안치하고 나면 모든 장례 절차가 끝이 난다. 버스를 타고 다시 장례식장으로 돌아와 상복을 탈의하고 다시 일상으로 돌아간다. 유족들과 마지막 인사를 하는 그 시간이 가장 마음이 따뜻해진다. 가족처럼 그간 정든 분들이라 아쉽기도 하다. 건강히 지내시라고 인사하며 마지막 의전을 끝낸다.

새로운 시작

그 손수조가 맞나요?

"그런데 그 정당인 손수조 씨 맞으세요?"

발인 버스 발주를 넣고 한참 일 얘기를 하고 끊으려는 찰라, 업체 사장님은 물었다. 이름이 똑같아서 물어본다면서.

"아, 맞습니다~ 저를 어떻게 아시고~ 감사합니다."
"기사를 본 적이 있어요. 이쪽 일한다고 봤었는데, 담당자가 손수조 팀장이라고 하기에 혹시나 했어요."

이쪽 일을 하면서 유가족분들이 나를 알아본 적은 거의 없었다. 공교롭게도 내가 현장을 나가기 시작한 시점이 코로나 시국이라 계속 마스크를 쓰고 있었고, 이름도 예명을 썼었기 때문이다. 사실 뭐, 손수조로 활동하고 있는 지금도 대부분은 나를 모르신다. 그런데 업계에 종사하시는 분들은 이런저런 소식통을 통해 소문을 듣기도 하시고, 아무래도 업계 뉴스도 보시기에 많이들 알아보신다. 이런 상황이 나에게는 좋기도 하고 부담스럽기도 하고 반반인데, 내 행동 하나 말 한마디 한마디가 아무래도 다 신경이 쓰이고 조심스럽기 때문이다. 나를 몰라본다고 해서 일을 허투루 하는 성격은 아니지만, 그래도 왠지 정치인 손수조를 알아보시면 더 잘해야 한다는 부담감이 들기는 한다. 그렇다고 또 손수조를 몰라보면 '아, 내가 정말 잊혀졌구나' 서운하면서도, 온전한 상조 팀장으로 일하고 또 그 일로 인정받는 것 같아 좋기도 하다.

초반에는 완전히 이름을 숨기고 예명을 썼다.
"이름을 바꾸면 어때? 손수조는 너무 정치인이야."
같이 일하는 동료가 아무래도 내 이름을 바꾸는 게 좋겠다고 했다. 정치적이라는 것은 이미 내 편과 네 편이 있다는 말. 사업을 할 때는 정치적인 색을 띠는 것은 마이너스다. 시작도 하기 전에 적어도 절반의 고객을 잃는 것이기 때문이다. 고깃집을 운영할 때도 이런 일이 있었다. 대표직을 맡으며 사업자를 변경해야 하는데, 손님들이 받아보는 영수증에 대표자 이름에 손수조라고 찍히면 혹시나 알아보는 손님이 민주당이면 곤란하다는 식이었다. '그게 뭐 그리

큰 영향을 끼치겠어? 알아보는 사람이 있겠어?'라고 생각할 수 있지만, 목숨 걸고 하는 생업에 단 하나라도 리스크가 되는 요인을 남겨서는 안 되는 것이었다.

하지만 얼마 전부터 생각을 좀 바꾸었다. 나 스스로가 정치적인 편견을 가지고 일하는 것도 아니고, 고객분들 역시 이 일에서 정치적인 생각을 전혀 개입시키지 않는데 굳이 이름까지 바꿀 필요가 있을까? 오히려 나 스스로 당당하고 솔직하게 내 일을 열심히 하면 되는 것이다. 그리고 이미 언론 기사에도 장례지도사를 한다고 나왔으니, 오히려 자랑스럽게 열심히 하자는 생각이 들었다. 한 도우미 팀장님이 물었다.

"아까부터 궁금했는데, 장례 일이 좋아요. 정치가 더 좋아요?"

"이 일이 더 좋아요"

"그럼 정치는 이제 안 해요?"

"해요. 필요한 때가 오면요 ^^"

종교가 다른 집안

"제사 음식 저거 누가 올리라 그랬어! 당장 치워"

한 집안이지만 가족 간에 종교가 다른 집안이 꽤 있다. 장례라는 예식을 진행하면서 종교 문제는 큰 부분이다. 종교에 따라 진행되는 예법이 크게 차이가 나기 때문이다. 장례지도사들은 그 집안의 상황에 맞게 종교에 따라 장례를 진행해 드리는데, 가족 간에 의견이 일치가 안 되면 퍽 난감하다. 대부분 삼일장을 지내는데, 보통 첫날 이러한 소란이 많이 벌어진다. 둘째 딸과 사위가 빈소 상담을 하면서 제사상을 차렸는데, 아들이 도착해서 역정을 내며 기독교 방식으로 해야 한다고 하기도 하고. 큰아들이 무조건 제사는 지내야 한다 해서 전통 유교 방식으로 장례는 치르지만, 동생은 목사님을 불러 다른 한쪽에서 찬송가를 부르며 예배를 보기도 한다.

그래서 대표 상주라는 제도가 있다. 보통은 큰아들이 대표 상주이지만, 꼭 그렇게 해야만 하는 것은 아니다. 요즘은 딸이 대표 상주를 맡기도 한다. 장례지도사들은 모든 가족의 의견을 일일이 다 들을 수 없다. 그래서 대표 상주를 정해 큰 결정들을 상의한다. 보통은 1일 차에 가족 간의 다툼이 많다. 각자 서로 살아온 환경들이 다르고, 특히 서로 왕래가 잦지 않았던 경우 예식의 방식에 대한 의견 다툼이 심하다. 사랑하는 사람을 잃었다는 정신적인 충격까지 더해, 서로가 매우 예민한 상황이기에 감정적인 대응을 하게 된다. 이것은 비단 지금 순간만의 노여움은 아니다. 어쩌면 이 문제로 그간 가족 간의 감정의 골이 쌓였던 것일 수 있다. 그냥 참고 지나가고, 모른 척 지나갔던 일들이 이 순간에 폭발적으로 드러나는 것이다.

"왜 형은 항상 내가 말하면 무시해!"
"삼촌 말이 좀 심하시네요!"

종교로 번진 다툼이지만 그간 서운했던 모든 것이 터져 나온다. 어른들 일이라 늘 빠져 있었던 조카도, 집안의 대소사를 치르는 이 순간에 참지 못하고 터진다. 그래서 장례식장에서 아수라장은 종종 벌어진다. 나는 시간을 두고 기다려 드리는 편이다. 내가 개입한다고 될 일도 아니고, 많지 않은 경험에 비춰보면 대부분은 시간이 지남에 따라 중지가 모인다. 어차피 한 번은 터져야 할 일이었다는 것. 그리고 피는 물보다 진하다고, 또 언제 그랬냐는 듯이 서로 똘똘 뭉칠 가족이기에 크게 걱정하지 않는다. 다만 감정의 분출이 필요했고, 서로의 마음의 상처들을 치유할 시간이 필요할 뿐이다.

가족들은 이제 서로 종교가 다를 수 있다는 것을 인정한다. 내가 기독교라도 제사를 지내기로 결정되었으면 받아들인다. 다만 내가 절을 하지 않을 뿐. 내가 하나님을 믿지 않더라도, 목사님과 함께 예배를 드리기로 했다면 받아들인다. 다만 나는 기도는 잘 못해도 마음속으로 고인을 그린다. 이렇게 서로 이해하고 맞춰가면서 가족이라는 이름 아래 삼일장을 함께 치른다. 장례가 끝나면 각자의 삶속에서 각자의 종교를 갖고 또 살아가겠지만, 믿지 않는다고 해서 미워하고 증오하지 않는다. 마음속에 앙금을 꾹꾹 눌러 담고 살지 않는다.

너의 방식대로 복되고 기쁘게 살길 원할 뿐.

집안 대사를 함께 치르는
가족입니다

상조회사에 대한 인식이 좋지는 않다. 예전부터 가격에 거품이 너무 많이 끼어 있다는 인식이 있고, 경황없는 와중에 잘 모르는 사람들 등쳐먹는다는 인식도 있다. 장례용품에 과도한 마진이 붙는 경우가 실제로 있다. 하지만 장례지도사의 인건비는 대체로 낮은 수준이라 생각한다. 서비스 선물로 안마기를 주고, 크루즈 여행을 하는 옛날 방식의 상조 상품은 이제 사라지는 추세다. 고객들이 원하는 만큼만 맞춤 설계하여 허례허식을 줄인 상조 상품이 많이 생겨나며 가성비 면에서 경쟁력을 잃었기 때문이다. 인터넷에 들어가 '후불제 상조'라고 쳐 보기만 해도 가격 비교, 상품 비교가 다 가능한 시대다. 의료기술의 발달로 장례 또한 어느 정도 예측 가능해 사전에 미리 준비한다. 경황없이 깜깜이 장례를 치르지 않는다.

그럼에도 불구하고 첫날 가족들을 만나면 아무래도 데면데면하다. '뭔가 우리가 모르는 걸 어물쩍 넘기려 하지 않을까?' '뭘 팔려고 온 사람인가?' 하는 의심에서부터, 아직도 장례지도사를 허드렛일 하는 사람으로 하대하는 분들도 계신다. 담당 지도사를 믿지 못하고 문상 온 손님들로부터 이런저런 이야기를 들은 후 '이렇다는데… 저렇다는데…' 하는 분들도 많다. 장례라는 일의 특성상 일반 사람들이 많이 겪어봤자 양가 부모님 네 번 정도가 전부일 텐데, 정보가 많지 않은 것은 당연하다. 사랑하는 사람을 잃어버린 그 허망함 앞에서 극도로 신경이 예민해져 있는 것 또한 이해해야 한다. 갑자기 닥친 상황 속에서 3일이라는 짧은 기간 동안 모든 일 처리를 일사불란하게 처리하려면, 그러한 분들을 붙잡고 먹는 음식 이야기, 옷 사이즈 이야기, 돈 이야기를 해야 하는 것이 어쩔 수 없는 우리의 일이다.

첫째 날의 이 데면데면함은 이튿날 입관을 진행하는 순간 180도 바뀐다. 마지막 고인을 직접 닦아 드리고, 머리 빗겨 드리고, 옷 입혀 드리는 것이 우리다. 마지막 누워 계실 관을 아늑하게 꾸미고, 몸을 똑바르게 펴 드리고 묶어 드린다. 이러한 염습의 과정과 입관을 지켜본 후 유가족분들은 마음을 열어 주시고, 우리의 손을 잡아 주신다.

"정말 고맙습니다. 정말 고생 많으셨어요."

새로운 시작

살면서 누군가에게 이렇게 진심으로 고맙다는 말을 들을 수 있을까 싶을 만큼 그 마음은 진심이고 따뜻하다. 많은 장례지도사가 이 순간 때문에 이 일을 한다고 말할 만큼 우리도 성심을 다하고 유가족분들도 그 마음을 알아주신다.

마지막 날 장례 절차 중 유가족분들이 가장 힘들어하시는 화장과 매장이 진행될 때. 우리는 그 옆에서 손을 잡아 드리고 위로가 되어 드려야 한다. 입관과 화장. 매장의 과정을 차마 지켜보지 못하고 실신하시는 때도 종종 있어, 만약 심신이 허약하신 분이 계시다면 사전에 잘 상담하고 조치하는 일도 필요하다. 그렇게 3일간 아픔을 함께 겪고 나누는 시간을 가지면, 우리는 거의 그 집안의 가족 공동체와 진배없게 된다. 모든 절차를 마치고 다시 장례식장으로 돌아와 상복을 벗는 순간에, 가족들은 오히려 나를 안아주시곤 한다. 울기만 하셨는데, 평상복으로 갈아입고는 미소 지으며 떠날 때 손을 흔들어 주시기도 한다. 장례지도사들은 그렇게 짧은 3일이지만, 집안의 대사를 함께 치르며 가족이 되는 뜨거운 경험을 할 수 있는 보람된 직업이다.

코로나 대란

"지금 화장장이 모자라요. 오일장을 하셔야 할 것 같아요"

정말 끔찍한 상황이었다. 하루에 내가 담당하는 지역에서만 코로나로 열 명 넘게 돌아가셨다. 대부분이 요양원에 계시는 위중증 환자였는데, 제대로 된 처치도 받지 못한 채 급속하게 병세가 악화되어 돌아가시곤 했다. 현장에서는 정말이지 발을 동동 구르는 상황이었다. 코로나 사망자는 그 처치 방법도 까다롭고 위험해 장례지도사 일손도 부족했다. 그렇지 않아도 부족한 화장장은 대규모 전염병 앞에 속수무책이었다. 고인을 안치해두고 몇 날 며칠을 기다렸다 화장해야 하는 상황이었다.

"당신이 잘 못하는 거 아니야? 코로나라고 지금 무시해?"

유가족들은 거의 이성을 잃어가고 있었다. 코로나 걸려도 제대로 치료도 못 받아 억장이 무너지는데, 고인의 마지막 모습도 제대로 보지 못하고 장례식장은 코로나 환자는 잘 받아주지도 않았다. 붙잡고 하소연할 누군가가 필요했고, 유족 가장 가까이에 있는 우리들은 같이 초조하고 답답할 따름이었다. 지금은 많이 완화되었지만, 초반에는 코로나 사망자 주변에 접근하지도 못했고 고인을 보지도, 만져보지도 못한 채 바로 화장장으로 직행해야 했다. 관조차 만지지 못하는 허망한 상황 속에 사랑하는 가족을 떠나보내야 하는 정말 어이없는 시대를 우리는 겪은 것이다.

나는 방호복을 입고 코로나 사망자를 운구하러 출동했다. 어느 요양센터, 한 층 전체가 코로나 확진자 격리 구역이었다. 그리고 한 방을 안내받았고, 그곳에 누워 계시는 고인을 마주했다. 닦아 드리거나 수의를 입혀 드리는 입관절차를 진행할 수 없었다. 안전 백에 싸인 상태 그대로 관에 모실 뿐. 이조차도 볼 수 없는 가족들의 심정은 정말 어떠할까. 관에 모신 고인은 코로나 전용 운구차에 옮겨져 화장장으로 이동했다. 일반 화장이 다 끝난 어스름한 저녁이 되어야, 코로나 사망자 화장이 시작되었다. 전 직원이 방호복을 갖춰입어야 했고 운구 내내 소독약을 관 주변에 뿌려 가며 진행해야 했다. 대기하는 운구 차량은 저마다 빨간 불빛을 내 뿜으며 줄지어 서 있고, 주변은 온통 어두컴컴했다. 시간 간격에 맞춰 관이 들어가고 그때마다 저 먼발치에서 오열하는 가족들의 울음소리가 화장장 전체에 울려 퍼졌다. 그 당시에는 그것이 곧 장례식이었다. 그 자리에서 절을 하는 사람들, 두 손 모아 기도를 하는 사람들이 뒤엉켰다. 이 전염병이 도대체 우리의 삶을 언제까지 얼마만큼 갉아 먹으려는 걸까.

새로운 시작

그때 그 여자팀장님
부탁드려요

일을 시작한 지 얼마 되지 않았을 때 만났던 가족 중 마음이 많이 아팠던 분이 계셨다. 배우자상을 당하셨는데, 남편은 대전에서 일하고 나머지 가족들은 경기도에서 지내고 있었다. 그런데 남편이 갑작스러운 암에 걸리고 진단받은 지 얼마 되지 않아 사망에 이른 경우였다. 자녀들도 아직 학생들이라 어리고, 무엇보다 부인이 힘들어하는 모습이 너무나 가슴이 아팠다. 내가 할 수 있는 한, 온 맘을 다해 모셨던 기억이 있다. 그리고 그 진심이 전해졌을까. 발인을 모두 마치고 헤어지는 순간에, 그분이 오히려 나를 꼭 안아주셨고 아이들도 모두 고맙다고 인사해 주었다.

그리고 몇 달 지나지 않아 회사에서 전화를 받았다.

"그때 그분이세요. 그런데 꼭 손수조 팀장이 다시 와줬으면 좋겠다고 해요"

나는 바로 그분이 누구인지 알아차렸고, 반가웠지만 사실 반가워할 일은 아니었다. 동시에 이렇게 얼마 안 되어 또 무슨 일일까 심장이 쿵 내려앉은 것도 사실이다. 변호사도 사실 클라이언트랑 다시 만나자는 인사를 안 한다고 하는 우스갯소리가 있는데, 장례지도사도 최대한 다시 만나지 않으면 가장 좋다. 어찌 되었든 어차피 장례를 치러야 하는 상황이 되었다면, 다름 아닌 나를 다시 찾아주시는 건 너무나 감사한 일이었다.

전화를 받자마자 장례식장 현장으로 달려갔다. 첫눈에 그분을 알아 뵈었고, 오랜 지병을 앓으셨던 친정어머니가 돌아가셨다고 했다. 그 전 장례에서 뵈었던 이모분들 고모분들 그리고 아이들 모두 다 눈에 익었고, 다 손을 잡고 인사를 했다. 서로 신뢰가 있는 상황 속에서 진행하는 장례식은 정말 서로 편안했다. 그때 좋았던 이런 부분은 더 잘해달라 하셨고, 그때 불편했던 어떤 부분들은 수정해달라 말씀하셨다. 내가 좀 더 신경 써서 잘해드릴 수 있는 부분은 또 그렇게 더 신경을 쓰기도 했다. 더 가까워진 만큼 함께 장례식장 밖에서 식사했는데, 처음으로 마스크를 벗었나 보다. 생각해보니 유족 앞에서 마스크를 벗을 일이 없었다. "어머나 생각보다 어리시네요?" 하셨다. 내 얼굴이 눈만 보면 더 나이가 들어 보인다는 사실을 처음 알기도 했다.

　형제자매가 아홉 분이셨는데 서로 너무나 우애가 좋았다. "우리 막내 밥은 먹었냐?" "큰오빠 다리 좀 괜찮아?" 서로서로 챙기는 모습이 너무나 가슴 따듯했다. 이렇게 우애 좋은 형제자매를 남기고 가시는 어머니는 그래도 '마음 편하게 좋은 곳에 가시겠구나!' 하는 생각이 들 정도로. 그리고 이 가족들과 함께하는 나 역시 참 복이 많다는 생각을 했다. 배우자를 갑자기 잃었던 우리 고객분의 그 마음의 상처도 이 따뜻한 가족들 안에서 빨리 치유되고 평안을 찾았으면 좋겠다는 생각도 했다. 역시 장례식은 온 가족들의 사랑을 확인하는 순간이고, 서로의 아픔을 위로해주며 회복하는 순간이었다.

스물일곱 손수조,
정치에 도전하다

스물일곱,
정치 도전기

2011.10.9.[12:13]
읽지 않음
2011.10.10.[04.53]
읽지 않음
2011.10.11.[08.50]
읽음
읽음. 읽었다!

온몸이 꼿꼿하게 소름 돋아 멍해졌고, 분명 내 머리 위로 희망의 불빛이 스쳐 지나가는 것을 느꼈다. 내 메일을 당 공식 인재영입위원이 읽은 것이다.

정치는 하고 싶은데 뭘 어떻게 해야 할지 몰라 막막했다. 첫발을 어디서부터 어떻게 디뎌야 할지. 그래서 나는 우리 또래 누구나가 하는 취업 준비처럼 똑같이 생각하기로 했다.

일단 이력서를 전달해야 한다! 하지만 누구에게 어떻게? 언제?

공직인 채널이 없었다. 주변에 아는 정치인도 히니도 없었다.

나는 네이버 포털 검색을 했다. 뉴스들을 뒤졌고 당 공식 인재영입위원의 개인 이메일을 발견할 수 있었다. 나는 누구이며 왜 정치를 하려 하는지 왜 내가 적합한 인재인지 설명한 글을 전달했다. 하지만 캄캄 무소식. 늘 '읽지 않음'이었다.

그러던 어느 날 나는 생각했다. 아침에 9시 정도면 담당자가 출근을 하겠지. 그때 메일함을 열었을 때 가장 위에 메일이 와 있으면 눈에 띄지 않을까. 그래서 나는 8시 50분경 메일을 넣었다. 그날 나는 밤을 꼬박 새우고 8시 50분에 메일을 딱 보내고, 깜빡 단잠이 들었던 것 같다.

1시간가량을 책상에 엎드려 잔 것 같은데, 후다닥 다시 깨어 한쪽 눈만 뜬 채로 메일함을 체크했다.

'읽음'

그 짜릿함은 잊을 수 없다. 평생. 그리고 답장이 와 있었다.

스물일곱 손수조, 정치에 도전하다

그저 한 줄. '이력서를 주시면 검토하겠습니다'

이것이 내 인생을 바꿨다. 나는 준비 해 두었던 이력서를 보내고 그 뒤로는 답장을 기다릴 것도 없었다. 당에 내 존재를 알리기만이 라도 했으니 이제 되었다. 여한 없이 뛰어 보는 것이다.

그길로 기탁금 500만 원을 납부하고 바로 출마 등록을 했다. 예비후보가 되어 온 동네를 누비고 다녔다. 너무 신나게 다녀서 걸음이 엄청 빨랐고, 하루에 한두 시간만 자고 몇 달을 지내도 피곤한 줄 몰랐다.

이력서를 전달한 것에서 만족할 수 없었다. 꼭 그분을 만나야 했다. 나에게 답장을 주셨던 인재영입위원. 나는 당 사무처에 연락해서 공식 회의 시간을 알아냈고, 회의를 마치는 시간쯤에 당사 앞에서 기다렸다.

"안녕하세요. 지난번에 메일 드렸던 부산 사상구 예비후보 손수조라고 합니다.

이력서를 전달해 드렸었는데요. 한번 뵙고 싶어 이렇게 찾아왔습니다."

"아, 손수조 씨! 기억나요"

어디에 들어가 앉아서 이야기를 나눈 것도 아니고, 그냥 그 자리에 서서 몇 마디 인사만 드렸을 뿐이었지만 나는 만족했다. 아무 인지도도 없고 신인이었던 나는 어떻게 해서든 나를 당에 알려야 했다. 그렇게 당 관계자에게 인사하고 오는 날이면 나는 힘이 불끈불끈 솟았다. 언제 어떻게 스러져버릴지 모르는 내 인생의 끝을 잡고 살아가는 나날이었다. 내 모든 것을 걸고 도전하는 일이었다. 두 눈 뜨고 두 발로 걸어서 할 수 있는 일이라면 뭐든 해야 했다.

이준석 사수 작전

85년생 동갑. 남자. 하버드 출신. 새누리당 비상대책위원. 지금은 한 당의 대표이지만, 오랫동안 친구인 이준석 대표.

당시 한나라당이 새누리당으로 바뀌고 비상대책위원회가 꾸려졌다.

위원장에는 박근혜 대표. 그리고 위원 중 한 명으로 젊은 남자 신인인 이준석이 깜짝 발탁된다.

이 친구를 만나야 한다. 반드시!

페이스북으로 쪽지를 넣었다.

'안녕하세요. 저는 부산 사상구에 예비후보로 등록한 손수조라고 합니다. 괜찮다면 만나서 이야기 나누고 싶은데 연락 부탁드려요.'

젊은 비대위원답게 며칠 지나지 않아 답장이 바로 왔다.

'다음 주 ○○일에 배나사 (교육 봉사단체) 끝나고 시간 될 거 같은데, 남영동 롯데리아에서 만날까요? 그런데 좀 늦게 끝날 수도 있어요.'

남동생과 나는 약속 날짜에 맞춰 서울로 올라갔다. 그리고 이준석 위원이 일정이 마치고 연락이 올 때까지 무작정 기다렸다.

자정이 거의 넘은 시간, 나는 이준석 위원을 처음 만났다. TV에서 보던 모습 그대로였고, 생각보다 키는 조금 작았다. 내가 생각했던 비대위원치고는 너무나 소탈하고 자연스럽게 행동해서 내심 놀랐다.

"예비후보로 지금 뛰고 있는데, 여론조사 방식이 너무 나한테 불리한 거 같다."

"그걸 불리하다고 생각하면 안 된다. 정해진 룰이고 공식적으로 인정되는 부분에 대해서는 후보자도 인정하고 방법을 찾아야 한다."

동갑이라고 가볍게 생각한다면 오산이었다.

내가 현장에서 느낀 이런저런 불합리한 일들은 이미 비대위에서 알고 있고, 고민했으며, 나름의 방법들을 다 찾아놓은 상황이었다.

이준석 위원을 만나고 돌아오며 그냥 '닥치고 열심히 해야겠다'는 생각을 했다. 그래도 젊은 비대위원이 내부에 있어 이렇게 소통

스물일곱 손수조, 정치에 도전하다

을 할 수 있어 다행이다 싶었다.

그 이후로 정치 활동을 하면서도 이준석 위원은 늘 나에게 진심 어린 조언을 해 주었고, 때로는 아프게도 하고 때로는 다독여주기 도 하며 나를 단련시켰다.

벌써 그와 십년지기가 되었고, 그는 어엿한 국민의당 대표가 되었다. 정치 여정은 다르고 둘의 스타일도 참 다르지만 나는 그를 항 상 응원한다.

출마를 결심하게 된 계기

왜 그날 나에게 그런 현상이 찾아왔을까. 이것은 과학적으로 증명할 수 없는 나만이 겪은 일. 평소처럼 나는 도서관에서 신문을 보고 있었고. 정치면으로 신문을 한 장 넘겼다.

그 순간. '부산 사상구'라는 글이 홀로그램처럼 떠올랐다.

부산 사상구는 온 가족이 살고있는 우리 동네였다. 이곳이 왜 이번 총선에서 주목을 받는 것인가? 그리고 또 내 눈앞으로 홀로그램처럼 떠오르는 세 글자. '문재인'

이분은 차기 대통령으로 거론되는 분.

'아니 이분이 사상에 국회의원으로 출마?, 왜?'

순간 내 주위를 둘러싼 도서관의 소소한 잡음들마저 멈춰버린 느낌이었다.

이렇게 빨리 도전하리라고는 나도 몰랐다. 나는 문재인 후보에게는 그 지역에서 나고 자란, 오히려 중량급 인사보다는 신인 여성 후보인 내가 상대 후보로 적격이라 판단했다.

내가 정치를 시작하기로 결심한 순간이었다.

단 5분도 걸리지 않은 의식의 흐름이었다.

대선 후보와 맞붙는다는 건 누가 들으나 말도 안 되는 상황이었지만, 나는 오히려 내 정치를 펼쳐 볼 수 있는 절호의 기회라고 생각했다.

'문재인 대항마'를 자처하며, 나를 알리고 '정치개혁'을 외치는 것.

기존의 정치 문법과 전혀 다른 선거운동을 하는 것.

몇십 년 후에야 이룰 수 있었던 꿈을 이렇게나 앞당겨 준 것은 8할이 문재인 대통령이다.

언론고시를 준비하며 서울 생활을 하고 있던 나는 며칠 후 간단한 짐만 싸서 부산 사상으로 내려갔다.

부모님은 그저 "내 언젠가 니가 이럴 줄 알았지." 하셨다.

3000만 원 뽀개기

저비용 선거. 검소한 정치를 꿈꿨다. 다들 정치한다고 하면 '집안 거덜 낸다' 할 정도로 돈이 많이 든다고 하는데, 이 허들을 없애야겠다 싶었다. 왜냐하면 정치의 꿈을 꿀 때, 나에게 가장 큰 고민이 바로 돈 걱정이었기 때문이다. 돈 때문에 정치의 꿈을 접어서는 안 되지 않을까. 그럼 돈 걱정 없는 사람만 정치를 하는가? 그건 바람직하지 않다. 그래서 내가 직접 선거에 뛰어들어 돈이 얼마나 드는지, 적은 비용으로 선거를 할 수 있는지 직접 해 보기로 했다.

한창 취업을 준비하는 시즌이었고, '취업 뽀개기'라는 말이 유행이었는데, 이 말에 영감을 얻었다.

내가 선거 자금으로 측정한 금액은 3,000만 원이었다. 내가 영끌해서 사용할 수 있는 자금이 3,000만 원이었고, 동시에 보통 일반

스물일곱 손수조, 정치에 도전하다

직장인의 연봉이 3,000 정도이기 때문에, 이 정도 수준이면 누구나 도전할 수 있겠다 싶었다. 그리고 나처럼 정치에 도전하고자 하는 사람들, 그리고 선거 비용에 관심 있는 이들이 모두 함께 공유하도록 블로그에 가계부를 공개하기로 했다.

처음에는 관심이 미미했다. 인지도 '제로'였던 만큼 블로그 방문자도 '제로'였다.

하지만 꾸준히 썼다. 매일매일 썼다. 전문적인 선거 회계에는 문외한이었다. 어떤 비용이 공식 선거 비용으로 보전을 받을 수 있는지, 또 어떤 비용은 선거 외 비용이라 보전이 안 되는지 정확히 몰랐다. 그저 무조건 아꼈다. 그리고 무조건 열심히 다녔다. 동생과 둘이 다니며 밥은 최대한 집밥을 먹거나, 간단한 김밥 햄버거 핫도그 등을 사 먹었고. 직원 인건비를 아껴야 하니 둘이서 최대한 모든 일을 다 해결했다. 처음에는 사무실도 없었고, 사무장님도 없었다.

아끼면서 또 모금도 했다. 내가 가진 돈은 3,000만 원이지만 1억 5천만 원까지 후원금을 모금할 수 있으니 최대한 모금 활동도 열심히 했다. 10만 원까지는 세액공제가 되어 연말정산에서 돌려받을 수 있어, 친구들에게도 10만 원씩 후원받았다. 하지만 인지도가 낮으니 모금 활동도 정말 더뎠다. 예비후보 시절에는 지출도 얼마 되지 않았고, 후원금도 얼마 모으지 못했다. 그저 그런대로 있는 그대로 나는 가계부를 열심히 써갔다.

본 후보로 공천이 되면서 나의 3,000만 원 정치 실험장은 아수라장이 되어버렸다.

선거 회계 자체가 내가 가계부 쓰며 감당할 수 있는 수준이 아니게 되었고, 하루하루 사무실에 돌아가는 비용까지 체크하기에는 너무나 바빴다. 새벽 6시부터 밤 12시경까지 스케줄을 소화하고, 집에 들어가 새벽 2~3시경까지 비용을 정리하며 블로그 가계부를 썼다. 나중에는 쓰다 책상에 엎드려 졸기도 했다. 꼼꼼하고 세심하게 챙기지 못했지만, 블로그 쓰는 일을 끝까지 놓지는 않았다.

그러는 가운데 곤란한 일이 생겼다. '3,000만 원 도전기'가 중앙 언론을 통해 소개되고 엄청난 호응을 불러일으켰는데, 내 의도와 다르게 후원금은 사용하지 않는다고 보도가 되었던 것이다.

당 관계자분들과 난 긴급회의를 했다.

"손 후보, 이걸로 그냥 가자"

"네?"

"후원금은 쓰지 않는 거로 하고, 전체 선거 비용을 3,000만 원에 맞춰 봐요"

사무실 임대료, 현수막, 명함, 포스터, 홍보 책자, 홍보 트럭 등 본 선거에서는 굵직한 비용이 드는 일이 많았다. 하지만 줄이고 줄여서 한번 해보는 거다! 주위의 기대에 부응하고 싶었다.

"네, 한번 해보겠습니다."

비용을 맞추느라 캠프 모든 식구가 고생고생했다. 누구 하나 돈을 받고 일을 한 사람이 없었으며, 밥 한 끼 따뜻하게 대접 못 했다.

나중에는 '포스터를 컬러로 뽑을 돈이 없는데, 어떡하지?' 하는 웃지 못할 상황까지 갔다. 결국, 최종 비용 3,442만 원으로 나의 선거는 마감했다. 후원금은 한도액 약 1억5천만 원가량이 모였지만, 모두 좋은 일에 써 달라고 당에 전달했다. 공식적으로 선거 비용 3,000만 원 약속을 못 지켜 아쉽지만, 나에게 너무나 값지고 뜻깊은 도전이었다.

'3,000만 원 정치 실험'은 공식적으로는 실패다. 낙선하기도 하였고, 3,000만 원을 넘기기도 했으니 말이다. 하지만 나는 실패라 생각하지 않는다. 나는 저비용 선거에 대한 국민의 열망을 몸소 체험했다. 본 후보에 공천되어 이른바 '문재인 대항마', '박근혜 키즈'가 되기 이전부터, 나는 〈3,000만 원 뽀개기〉로 많은 분과 소통 하고 있었고, 이 실험을 유의미하게 지켜보시는 분들이 많았다.

혹자는 당이 나를 이용했다고 말하는데, 나는 전혀 그렇게 생각지 않는다. 당과 더불어 나의 '3,000만 원 정신'을 마음껏 펼쳐볼 수 있었으니 오히려 감사하게 생각한다. 그 많은 논란 속에서도 나를 믿고 공천해주고, 저비용 선거, 보통 사람의 정치를 끝까지 펼쳐 볼 수 있도록 도와주신 많은 분들에게 감사드린다.

미움받을 용기

당시 문재인 후보의 인기는 하늘을 치솟았다. 예능 프로그램에 출연하여 격파 시범을 보이며 기존의 젠틀함에 더해 남성미까지 뽐내었고, 엄청난 팬덤을 확보했다.

내가 출마했던 한나라당은 당시 '차떼기 정당'이라는 오명을 쓰고, 인기가 바닥이었다. 나도 한나라당이 싫었다. 그렇다고 대북관, 복지, 노동, 교육, 환경 등 전 분야에 걸쳐 생각이 완전 다른 민주당에 갈 수는 없었다. 나쁜 버릇은 고치면 되지만, 생각이 다른 건 고칠 수 없다고 생각했다.

이런 상황에서 한나라당 후보로 출마해 문재인 후보와 맞서겠다는 결정은 굳이 나서서 미움을 받겠다는 말이었다.

'젊은 사람이 왜 한나라당을 가냐?'

'기회주의자'

'꽃놀이패'

'쓰고 버려질 것'

온갖 비난과 조롱이 쏟아졌다. 예상했던 일이었고 감수해야 했다.

미움받을 용기가 필요했다.

정치의 세계는 절반, 아니 어쩌면 모두가 적인 전쟁터다.

정치권만 그럴까. 우리가 살아가는 그 어떤 집단에도 다수가 주도하는 여론에서 비껴가는 소수가 되어야 할 상황은 있다. 'High Risk High Return'의 법칙 역시 인생 곳곳에 적용된다.

나는 그저 나의 길을 갈 뿐이다. 내 꿈은 정치가이고. 한나라당 후보로 출마해 문재인 후보와 맞서겠다는 나의 결정은 내 꿈에 한발짝 다가서는 일이 분명했기 때문에 가지 않을 이유는 없었다. 물론 내가 나의 길을 걷는 방식이 다소 거칠고 서툴렀다는 생각도 든다. 그래서 숱한 마음의 상처 입었고, 몸도 상하고 돈도 잃고 불효도 저지르고 친구도 잃었지만, 다시 10년 전으로 돌아간다 해도 나는 똑같은 결정을 할 것이다.

문재인 후보와의 첫 만남

선거운동이 본격화되면 후보자들은 하루에 적으면 두세 번, 많으면 대여섯 번도 더 마주친다.

06:00 약수터, 등산로 인사
07:00 출근길 인사
08:30 아침 식사
10:00 행사장
11:00 행사장
12:00 식당 주변 인사
14:00 행사장
15:00 행사장

스물일곱 손수조, 정치에 도전하다

16:00 행사장

17:00 행사장

18:00 퇴근길 인사

19:00 식당 주변 인사

20:00 저녁 모임

21:00 저녁 모임

22:00 저녁 모임

평균적인 후보 일정이 이 정도 된다.

보통 출근길, 퇴근길 인사 동선은 서로 부딪히지 않도록 캠프에서 조절한다.

오늘 문재인 캠프에서 출근길은 주례동, 퇴근길은 괘법동이라면, 우리 캠프에서는 출근길은 감전, 퇴근길은 주례 이런 식으로 서로 겹치지 않게 조율하는 것이다. 일주일 정도의 스케줄은 미리 나오고 캠프 담당자들이 서로 소통하곤 한다. 특히나 출정식, 대형유세 일정 등은 서로 조절하여 부딪히지 않도록 한다. 그러나 간혹 서로 감정이 극으로 치닫는 경우 일부러 상대 후보가 예약한 일정과 장소에 일정을 똑같이 잡는 경우도 있다. 하지만 당시 우리는 그렇게 한 적은 단 한 번도 없었다.

그 외에 행사장 일정은 서로 무조건 마주치게 된다. 지역구에서 열리는 행사에는 구민분들을 많이 만날 좋은 기회이기 때문에, 후보자는 꼭 한다. 크고 작은 행사들이 하루에 몇 개씩 잡히는데, 공식적으로 크게 열리는 행사들은 무조건 참석하고 작은 행사들은 얼마나 우리가 정보를 잘 모으느냐, 얼마나 열심히 하느냐에 따라 달라진다. 후보자가 아무리 열심히 뛰고 더 많은 행사장을 가고 싶어도, 어디에서 무슨 행사가 있는지 속속들이 정보를 수집하지 못한다면 갈 수 없다. 그리고 아무리 작은 행사까지 다 알고 있어도 후보자가 힘들어서 못 가겠다 하면 못 가는 것이다.

어떤 이유에서였는지 문재인 후보는 큰 행사에만 참석했다. 당시 문재인 후보는 본인 선거 이외에도 전국 선거에 다 관여해야 했으니, 지역의 소소한 행사 일정까지는 시간이 안 났을 것이다. 그래서 나의 전략은 '5명만 모이면 무조건 간다'였다. 동네 계모임, 심지어 동네 시장에서 고스톱판이 벌어진다 해도 갔다. 내가 입수한 정보는 거의 빠지지 않고 다 갔다. 새벽에 장거리 떠나는 버스 여행객에게도 가고, 밤늦게 이어지는 술자리 모임도 갔다. 그래서 가끔 '니가 왜 거기서 나와?' 하며 깜짝깜짝 놀라시는 분도 계셨다. 반면에 '선거 내내 손수조 얼굴 한번 못 봤다' 하시는 분도 계셨다. 후보자는 아무리 많이 다녀도 늘 부족하다.

내가 예비후보 등록을 하고 3일 정도 지났을 때쯤 지역구에 큰 행사가 열렸다. 그곳에서 나는 문재인 후보를 실제로 처음 만났다.

스물일곱 손수조, 정치에 도전하다

민주당은 국회의원 후보가 문재인 후보 한 명이었지만, 우리 쪽은 나를 포함한 예비후보가 4명이었다. 그것도 나는 '갑툭튀한 듣보잡' 후보였기 때문에 거의 투명인간 취급을 받았다. 의례적인 악수만 하고 지나쳤을 뿐이었다.

첫 언론 보도

나는 정치에 입문하기 전에 문화재단에서 기자 활동을 했었고 언론홍보 회사에 근무도 했었다. 그런 경험으로 비록 서툴렀지만, 직접 기사를 작성해서 언론사에 배포했다.

주제는 '정치 신인의 3,000만 원 선거 도전기'

인터넷에서 정치 기사를 하나하나 검색하며, 정치부 기자들의 이메일을 수집했다. 내가 아는 기자 친구들에게도 도움을 요청하여 최대한 많은 기자에게 내 자료를 보냈다.

지금 생각해보면 시청이나 시당(부산시의 당 총괄 기관)에 문의하거나, 직접 기자실을 찾아가 인사를 드리는 게 좀 더 쉬운 방법이 있었을 텐데 확실히 초보는 초보였다.

언론홍보회사에 다닐 때부터 알고 있었지만, 이런 식으로 기사를 일괄 배포하여 지면에 기사가 나오는 것은 거의 하늘의 별 따기였다. 하지만 진인사대천명일까, 지역의 한 유력 언론사에서 전화가 왔다.

"손수조 후보시죠? 취재를 좀 하고 싶은데요."

"아, 정말요? 네네, 감사합니다!"

나는 너무나 기뻤고, 무언가 물꼬가 트인 기분이었다. 내가 드디어 언론에 나오는 것이다.

나는 그 당시 선거에 드는 비용 하나하나를 가계부 형식으로 작성해 블로그에 올리고 있었는데, 그 언론사는 이것을 바탕으로 취재를 했다. 선거 비용을 공개한다는 것 자체가 신선하게 다가왔고, 저비용으로 선거를 치르겠다는 도전을 응원한다고 했다.

드디어 첫 기사나 나왔다. 정말 뛸 듯이 기뻤다. 기사를 본 친구들로부터 축하 문자가 왔고, 가족들도 함께 기뻐했다. 기사가 난 그날 아침은 공기부터가 달랐다. 나는 더 이상 투명인간이 아니었다. 행사장에 가면 기사를 봤다고 먼저 알은체하는 분이 계셨고, 지역의 구의원, 시의원, 구청장 등 지역 정치인들도 모두 힘내라고 격려해 주셨다. 내 블로그도 방문자가 부쩍 늘었다. 매일 매일 동생과 함께 방문자를 체크하고 있었는데 첫 언론 보도 후 방문자가 두 자릿수에서 세 자릿수로 늘어났다. 나를 견제하는 움직임도 생겼다.

"손 후보, 내가 기탁금 냈던 500만 원을 대신 돌려줄 테니 후보 철회하는 게 어때요?"

어떤 사람이 나를 찾아와 후보 철회를 권유했다. 내가 지불한 기탁금 500만 원을 줄 테니 이제 그만하라는 것이었다. 말도 안 되는 소리였다. 내가 지금 걷는 길은 돈 500만 원과는 비교도 안 되는 것이었다. 나는 단칼에 거절했다. 이제 겨우 킥오프했을 뿐인데, 그만두라니. 절대 안 될 일이었다.

그 사람은 나에게 '너는 해봤자 안 된다', '이름이나 알리고 들어가라' 하는 이야기를 퍼부었다. 지역 정치의 민낯을 아주 조금 보게 된 사건이다. 그 후로 몇 년간 더 지역 정치를 하면서 겪은 일에 비하면 이런 일은 아주 해프닝에 속한다. 이제 본선을 치르기 전 더 치열하다는 TK, PK의 공천판 링 위에 오른 것이다.

계속되는 무시와 비아냥들이 너무 속상했지만, '내가 견제의 대상이 되는가 보다' 하며 즐기며 넘겨야 했다.

중앙당으로부터의 관심

　예비후보로 등록하고 몇 달을 무작정 지역을 돌아다니고 있을 때쯤 모르는 번호로 전화 한 통이 걸려 왔다.

　"여보세요!"

　"네, 안녕하세요. 손수조 씨 되시죠?"

　"네, 손수조입니다."

　"아, 저는 새누리당의 ○○○ 위원이라고 합니다. 혹시 시간 되시면 여기로 잠깐 오실 수 있나요?"

　그 전화를 받았던 골목과 내가 입고 있었던 옷과 두 손으로 공손히 전화기를 들고 있었던 내 자세까지 아직도 생생하게 기억난다. 그 전화를 받고 난 한동안 그 자세로 멍하니 서 있었기 때문이다.

　당에서 나에게 연락을 주다니.

물론 공식적인 당의 연락은 아니었다. 그저 한 개인이 나라는 사람에 대해 궁금해 한번 만나보고 싶다고 했다. 하지만 당시 나에게는 그 관심이 얼마나 큰 희망의 빛이었는지 모른다.

'똑똑' 사무실로 들어섰다. 아주 작은 공간에 책상 하나와 소파 하나가 전부였다.

"만나서 반가워요. 인상 깊게 지켜보고 있습니다. 정치를 왜 하려 하나요? 앞으로 어떤 정치를 하고 싶어요?"

그분은 그냥 편하게 부드럽게 질문했는데, 나는 너무나 긴장해서 온몸에 힘을 주고 열변을 토했던 기억이 난다. 그래서 그랬는지 그분은 헤어지기 전에 나에게 어깨에 힘을 조금 빼고, 너무 단정적인 어조로 말하지 말라는 조언을 해 주셨다. 나에 관한 관심과 애정이 느껴지는 시간이었다. 당 내부에 이런 분도 있구나 하고 느꼈다.

이후로도 나를 개인적으로 응원한다고 전화를 주신 의원이 몇몇 있었다. 젊은 사람의 도전과 용기를 응원하고 있으니 끝까지 열심히 하라고 했다. 그때 나에게 연락한 분들은 지금까지도 너무나 멋진 정치 행보를 보여주고 있다. 국민들께도 많은 지지를 받고 있다. 그런 정치인들이 더욱더 많아지고 힘을 내는 정치가 되었으면 좋겠다.

며칠 후, 또 다른 당 관계자로부터 연락을 받고 가서 인사를 할 기회를 얻었다. 그분은 나의 어린 시절과 가족 상황 등 조금 더 사적인 부분에 관심을 보였다. 사적인 부분에서도 나는 있는 그대

스물일곱 손수조, 정치에 도전하다

로 숨기거나 보탤 것 없이 다 이야기할 수 있었다. 한 분이라도 더 많은 분에게 나를 소개하고 알릴 수 있는 일은 감사한 일이었다. 사실 일면식도 없는 나를 언론을 통해서만 보시고 이렇게 불러서 이야기를 들어준다는 건 지금 생각해보아도 너무나 운이 좋은 일이다. 청년 정치가 유행처럼 번진 지금의 정치권이라 해도 이렇게 젊은 신인을 눈 여겨봐 주는 일이 있을까 싶다.

그리고 또 며칠 후 다른 관계자로부터 연락을 받았다. 그분은 공식적인 당의 인재영입위원장인 조동성 교수였다. 내가 인재영입위원회에 넣은 이력서와 나를 만나보셨던 의원들의 추천, 그리고 언론에 출연했던 모든 일이 복합적으로 잘 작용했던 것 같다.

'반값 등록금에 대해 어떻게 생각하는지?'

'대북 정책에 대해 어떻게 생각하는지?'

단순하게 인사 드리는 자리인 줄 알았는데, 면접 보는 자리였다. 교수님은 특유의 중저음 목소리와 날카로운 눈빛으로 송곳 질문을 했다. 톤은 부드러웠지만, 내용은 뾰족한 검증이었다. 그 외 각종 현안과 정책에 대한 나의 의견을 물어봤다.

나는 오히려 차분해졌던 것 같다. 평소 생각했던 바를 천천히 또박또박 이야기하면 되었다. 늘 관심이 많았던 문제, 언론고시를 준비하며 늘 다루었던 주제에서 크게 벗어나지 않았고 무엇보다 현안과 정책에 관해 이야기하는 일이 나는 좋았다. 이러한 내 생각들을 누군가에게 전달하고 이야기한다는 것은 늘 머릿속으로 상상만 하던 일이었는데. 꿈이 현실로 이뤄질 것만 같은 느낌이었다.

한나라당 당사를 처음 들어가 보았던 그날, 여의도 당사 앞에 있는 포장마차에서 남동생과 둘이 소주를 한잔했다.

우동을 먹었던가, 닭발을 먹었던가. 안주는 기억나지 않는다. 그 정신에 내 입으로 뭐가 들어가는지도 몰랐다. 그저 그 알싸하게 추웠던 밤거리의 여의도가 아련하다. 10년이 지난 지금 그 포장마차는 코로나 때문인지 없어진 듯하고 동생과 나는 각자 먹고사느라 바쁘다. 가끔 동생과 술 한잔할 때면 그때 그 포장마차 이야기는 늘 안줏거리가 된다.

중앙 언론 데뷔

"누나, 조선일보에서 취재하고 싶단다"

평소 무뚝뚝하던 남동생의 표정도 꽤 상기돼있었다.

나는 보좌진도 없었고 참모진도 없었다. 그저 남동생과 둘이 선거를 뛰고 있었다. 내가 스케줄을 소화하고 인사를 다닐 때 전화는 동생이 다 받았는데, 인사를 마치고 차에 올라탔더니, 나를 보고 그렇게 말했다. 둘은 그렇게 서로 마주 보고 잠시 숨도 못 쉬었던 것 같다.

"꺅~~!" 조선일보에 내 기사가 크게 실렸다. 기자는 내 일정의 반나절을 같이 다니며 취재를 했는데, 나의 도전과 열정에 대한 소개를 중점적으로 다뤘다. 마땅한 내 포스터 사진도 없었는데, 그 당시 조선일보에서 찍어준 사진이 마음에 들어 나중에 언론사 허락을 받고 그 사진을 내 선거 포스터 사진으로 쓰기도 했다. 그만큼 기사는 잘 나왔다. 내 인생은 그 기사가 나오기 전과 후로 나뉜다고 해도 과언이 아니었다.

'눈 떠 보니 유명인사가 되었다'라는 말을 실감했다. 기사가 나간 바로 다음 날, 자고 일어나 아침 스케줄을 나가는 길에 현관문을 열었더니, 집 앞에 카메라 여러 대가 나를 비추고 있었다. 하룻밤 사이에 달라진 상황에 얼떨떨했다. 공중파 TV는 물론, 그 당시 막 문을 열었던 종편채널의 인터뷰 요청도 쇄도했다. 유튜브, 아프리카TV 등 각종 개인 매체 등까지 거의 카메라가 따라붙지 않는 날이 없을 정도였다.

그때부터였던 것 같다. 나를 나 혼자 컨트롤할 수 없다고 느낀 것이. 구름 위를 걷는 것 같은 기분으로 하루하루를 지냈지만, 마냥 좋은 것은 아니었다. 이미 파도 위에 올라타 버린 나는 바람이 이끄는 대로 휩쓸려 가는 것만 같았다. 선거가 끝나는 날까지 거의 매일같이 나에 대한 기사가 쏟아졌다. 처음에 잠깐 좋은 이야기가 나왔지만, 그 뒤로는 대부분 비판적인 기사들이 이어졌다. 쏟아지는 기사들을 제대로 다 볼 시간도 없었고, 대중들의 반응을 살필 겨를도 없었다. 들어오는 인터뷰를 다 해내지도 못할뿐더러, 잘못된 기사에 대응하고 정정할 여력은 더더욱 없었다.

유명세를 타면 탈수록 검증은 혹독해졌고, 신경 써야 할 부분도 너무 많았다. 그저 어깨띠를 두르고 지역 분들을 만나는 일에만 매진하면 좋으련만, 언론 응대가 너무나 중요하다는 것을 알면서도 경험과 인력 부족으로 제대로 대응할 수 없었다.

지금도 느끼지만, 아무리 저비용 선거를 한다고 하더라도 언론 공보팀은 따로 꼭 있어야 한다고 생각한다. 현장에서 만나는 지역 분 만큼이나 언론이나 SNS를 통해 만나는 분들도 많기 때문에, 후보자 혼자 물리적으로 다 할 수 없는 부분은 공보팀의 도움을 받는 것이 좋다. 다시 그때로 돌아간다면 언론 대응은 절대 그렇게 하지는 않을 것이다.

언론과의 전쟁

　동생과 나 단둘이 단출하게 치르던 선거는 이제 옛날 일이 되었다.

　'문재인 대항마'로 점점 이름이 거론될수록, 문재인 후보만큼이나 언론에서 관심을 받았고 동생이 이 모든 것을 담당하기엔 역부족이었다. 나는 핸드폰을 던져두고 인사 다니면 그만이었지만, 동생은 하루아침에 바뀌어버린 상황을 혼자 대처하기엔 역부족이었다.

　"야, 인마, 이게 장난이야?"

　남동생이 어떤 기자에게 멱살을 잡히는 사건이 발생했다.

　후보자의 동선을 미리 알고 취재를 해야 했던 기자는 동생에게 후보자 도착 시간을 알려 달라 했고, 동생은 대략의 시간을 알려드렸는데 내가 일정 지연으로 거의 1시간이나 늦었다. 체계가 안 잡혀있던 우리는 기자에게 큰 실수를 하게 되었고, 중간에서 이리저리 말을 바꾸게 되어버린 동생은 오해를 받은 것이다.

기자에게 크게 혼난 동생은 아무 말 하지 않았다. 하지만 얼굴은 매우 굳었다. 나도 아무 말 하지 못했다. 행사장으로 급히 가기 바빴고, 그다음 스케줄 또 그다음 스케줄을 하고 집에 와서는 지쳐 잠들었다. 얼핏 골목 뒤편에서 훌쩍훌쩍 우는 동생을 본 것 같은데, 또 아무 말 못 했다. 나는 주변을 너무 힘들게 하고 있었다.

언론에서는 많은 관심을 받는 후보자의 캠프가 이리도 체계가 없다는 사실에 답답해했다. 아무리 저비용 선거도 좋지만, 사람이 없으니 일이 안 돌아갔다. 나는 중앙당에 공식 요청을 했고, 본 선거가 거의 절반 정도 진행될 때쯤 당에서 세 명 정도 지원을 받았다. 미디어 관리나 홍보 전략 등 중앙당과 긴밀하게 협의해야 하는 부분들을 도움 받았다. 덕분에 나는 그 뒤로 언론 응대는 모두 미뤄놓고 마음 편히 골목골목으로 인사를 다니는 것에 집중했다.

그런데 이것이 또 와전되어 '손수조는 언론을 무시하고 벌써부터 보좌진에게 전화를 넘긴다'라고 오해를 받았다.

하루는 당 관계자분이 나를 직접 불러, '언론사 전화는 다른 사람 아닌 후보자가 직접 응대를 해야 한다'라고 조언했다. 나이가 어리고 신인이기 때문에 더욱더 행동을 조심하여야 한다고 했다. 그 뒤로 나는 틈틈이 시간을 내어 밀린 전화를 콜백하는 방식으로 언론 응대에 더욱 신경 썼고, 스케줄 팀에서는 최대한 양해를 구해가며 인터뷰는 최소한으로 하는 형식으로 선거를 진행해갔다. 캠프에서는 지역 분들 중심의 '지상전' 팀과 중앙당 중심의 '공중전' 팀이 늘 부딪히며 마찰을 일으켰다. 그 복잡다단한 캠프에 중심을 잡고 이끌어주신 선대본부장님 이하 캠프 식구분들에게 너무나 감사했다는 말씀을 다시 드린다.

하루는 어머니께서 급히 서울로 가셔야 한다고 했다. 무슨 일인가 했더니 내가 예전에 살던 서울 원룸이 언론에서 문제가 되었다. '전세금을 빼서 선거를 치른다고 하더니 왜 전셋집은 그대로 있느냐' 하는 언론의 의혹 제기였다. 그렇다. 급하게 내려오는 바람에 계약이 남은 원룸에 아직 들어올 사람을 못 구해 미처 빼지 못했던 것이다. 돈은 보증금으로 묶여있고 급한 대로 어머니께 돈을 빌려서 쓰고 있었다. 곧 빠지겠지 해도 쉽게 원룸이 나가지 않고 있었는데, 그 사이 언론에서 의혹을 제기했다. 기자들이 집 주소를 알아내 집주인에게까지 전화를 엄청나게 한 모양이었다. '빨리 와서 해결하라'는 집 주인의 연락이었다.

그 와중에 당시 폴리페서로 유명한 모 교수가 나의 반전세 집에 대해 '다운계약서' 의혹을 제기했다. 나 혼자 살던 작은 월세방인데 무슨 다운계약서인가 싶었지만, 기자들은 의혹을 파헤치기 위해 그 집 주변의 부동산을 다 취재했다. 주변의 시세를 알아보고 그 집이 정말로 3,000만 원 전셋집이 맞는지 확인했던 것 같다. 어머니께서 서울에 올라가 보니 그렇지 않아도 집 앞에 실제로 기자가 있었고, 내가 살던 집 호수의 우편물을 다 체크하고 있었다고 한다. 검증이 라는 것이 이런 것이구나 싶었다.

당시에는 너무 정신이 없어 전혀 대응하지 않았는데, 10년이 지 난 지금, 전혀 사실이 아닌 이야기가 의혹 제기라는 명목하에 확대 재생산되는 일은 그때나 지금이나 변함없는 대한민국 정치, 언론 환경인 듯하다.

사생활에 대한 검증도 빠지지 않았다. 선거가 끝나고 난 뒤 예전 언론홍보 회사의 선배들을 만났는데, 그곳에도 기자들의 전화 문의 가 있었다고 한다. 회사생활은 어땠는지, 혹시 문제는 없었는지 그 렇다면 남자관계는 어땠는지 물었다고 한다.

"하하하"

남자관계에서 우리는 빵 터져 웃었다. 내가 뭐 그리 유명한 사람 이나 연예인도 아닌데 그런 부분을 궁금해했다는 것이 다소 황당하 면서 소름이 돋았다. 혹여나 이 부분에서도 나를 잘 모르는 사람이 '의혹 제기'랍시고 이상한 말을 했다면, 또 언론에 내 이미지는 어떻 게 됐을까. 감사하게도 모든 직원분들 언론 응대를 잘해 주셔서 회 사발 의혹 제기는 없었던 것 같다. 괜히 일하시는 데 방해를 끼쳐 죄송할 따름이다.

스물일곱의 나이에 검증받아야 할 일이 이 정도면, 나이가 들수 록, 사회생활을 할수록 검증의 영역은 정말 넓어지겠구나 싶다. 이래서 '털어서 먼지 안 나는 사람이 어딨냐'는 말이 나왔을까?

정치인의 검증이란 어디까지 해야 할까? 지금도 대통령 선거를 치르며 우리는 후보자의 가족 문제, 여자 문제, 자식 문제 등 모든 것을 탈탈 털고 있다. 그리고 그것은 꽤 자극적으로 선거에 영향을 미치며 유권자의 표심을 움직이고 있다. 과연 이것이 맞는 일일까? 서로 흠집 내고 상처 내는 정치의 시발점이 바로 이 지점이 아닐까 싶다.

진짜 자원봉사

"누나가 국회의원 출마를 해서, 니가 좀 와줘야겠다."

"뭣이라?"

호주에 있던 동생을 불러들인 줄도 몰랐다. 가족이 한 명이라도 더 필요하다고 판단한 어머니가 동생에게 급히 전화한 모양이었다. 평소에 그렇게 잔소리 많던 동생이 아무 불평불만 없이 옆에서 나를 도왔다. 운전, 명함 돌리기, 전화 응대, 수행, 경호, 비서 역할을 혼자 다 했다. 내가 정치 활동을 하는 5년 내내 도왔다. 자기의 젊은 인생을 갖다 바쳤다고 다 갚으라고 지금도 난리다. 지금은 맛집 사장님이 되어 열심히 장사하고 있다. 동생이 없었으면 나는 정치를 할 수 없었다. 시작은 했더라도 버티지 못했을 것이다.

초중고 동창 친구들은 내 선거의 시작과 끝을 함께 해 주었다.

같이 스케치북을 만들어 동영상을 찍어 올리고, 명절 인사를 같이 다니고, 사무실 업무를 도와주었다. 지역 선배는 내 동생만큼이나 선거 기간 내내 아침부터 밤까지 일정을 다 소화하며 고생했다. 선거가 끝나고 나서는 우울증마저 같이 왔을 정도로 한마음으로 뛰었던 것 같다. 이분들에게는 내가 정말 감사함을 다 갚을 길이 없을 정도로 고맙다.

손수조를 응원하고, 〈3,000만 원 뽀개기〉를 응원하러 각지에서 와준 자원봉사자들도 많이 있었다. 가족이나 친구가 아닌 일면식이 없는 상황인데도 이렇게 자원봉사를 해 주신다는 것은 정말 기적 같은 일이었다. 선거 캠프에서 자원봉사자라는 이름으로 있는 분들은 대부분 어느 정도 돈을 받고 하신다. 진짜 '자원'은 잘 없다.

하지만 나는 젊은 청년들의 진짜 자원봉사가 많았다. 정치 지망생도 있었고, 인터넷에서 보고 관심이 생겨 왔다는 친구도 있었다. 그렇게 모여든 친구들은 캠프 안에서 서로 친해졌고, 나 역시 같은 또래라 선거가 끝난 지금까지도 종종 만나곤 한다. 그중 한 사람은 10년이 지난 지금 경기도의 유망한 젊은 정치인이 되었다.

선거 캠프에는 인생의 희로애락이 다 들어 있다고들 한다. 짧은 기간에 인생의 쓴맛과 단맛을 다 볼 수 있다는 것이다. 그래서 캠프를 한번 같이 뛰고 나면 정말 가족처럼 끈끈해진다. 실제로 남동생은 캠프에서 함께 일한 동료와 결혼에 골인하기도 했다. 둘은 우스갯소리로 두고두고 손수조 캠프를 원망할 것이라 한다. 나는 분명 둘이 사귀라고 한 적이 없는데, 이게 어떻게 된 일인지 잘 모르겠다. 어찌 되었든 자의든 타의든 당시 내 캠프에서 자원봉사를 했던 분들에게 여전히 빚져 있는 상태다. 이 빚을 갚는 길은 오로지 내가 힘을 내어 손수조의 길을 끝까지 완수하는 것이라 생각한다.

[자원봉사자들의 편지]

청년이 바로 서야
나라가 바로 선다.
-도산 안창호-

순진하고, 순박한 27살의
젊은 청년이
한 명 있습니다.

평범한 보통 사람으로
살기 위해 아등바등하며
힘들게 살아가는
우리와 같은
27살 청년이 있습니다.
그 청년이
국회의원이 되겠다고 합니다.
우리들을 위해
우리들의 마음과 눈높이로
세상을 바라보며

스물일곱 손수조, 정치에 도전하다

우리 곁에서 언제나
우리와 함께하는 국회의원이
되겠다고 합니다.

그런 마음을 우리는 보았습니다.

국민 세금 한 푼이라도
소중히 여기겠다는,
그래서 국민들의 뜻을
받들겠다는 따뜻한 마음.

그러나

청년을 아껴주고 키워주는 것이
나라의 발전이라던 그들이,
많은 청년들이 정치에 관심을 갖고 참여해야
정치가 발전한다고 외치던 그들이,
수많은 기득권을 가진 그들이,
27살 젊은 청년에게는
최소한의 그 무엇도 배려하지 않은 채
비난과 욕설을 퍼부으며

돌을 마구 던지고 있는 현실입니다.

좀 더 편한 길을 두고 험난한
길을 선택했습니다.

어렵습니다.
힘이 듭니다.
하지만 '우리'라는 이름으로
함께 이겨내려 합니다.

손수조의 진심이 왜곡되고 변색되어
진실한 마음이 묻힌 채 가슴앓이를 하는 생각을 하니
마음이 아파옵니다.

우리의 바람은
진실이 왜곡되거나
변색되지 않기를
바랄 뿐입니다.

- 손수조 캠프 자원봉사자 일동 -

스물일곱 손수조, 정치에 도전하다

첫 TV 출연

박종진 앵커의 〈쾌도난마〉!

당시 가장 유명했던 시사 프로그램 중의 한 곳에서 출연 제의를 받았다.

'내가 방송 출연을 하다니!' 꿈만 같았다. 기자를 꿈꾸던 시절부터 머릿속에 몇백 번이고 그려 보았던 모습이었다. 나는 꼭 이루고 싶은 일이 있으면, 머릿속으로 그 장면을 생생하게 몇 번이고 그려 보는 습관이 있다.

처음 들어서는 스튜디오는 내가 상상했던 것보다 조금 작았고, 조명은 훨씬 더 눈부셨다. 카메라를 잡고, 대본을 보고. 각자의 일에 몰두하고 계시는 스태프들은 정말 멋있었다. 그분들이 나에게 뭐라고 한 것도 아닌데 그 기운에 눌려 내 심장은 빨리 뛰었다.

"마이크 테스트 한번 해 보세요."

"아아! 네, 안녕하세요! 손수조입니다."

그렇게 많이 연습했는데도 어색하고 떨렸다. 내 모습도 웃겨 보였다. 어린 나이가 현장에서는 핸디캡이라 일부러 엄마 옷을 입고 다녔다. 검은 바지 정장에 셔츠를 입어 중성적으로 보이게 했고, 머리도 짧은 쇼트커트였다. 최대한 나이 들어 보여야 했다. 영락없는 80년대 통기타 치는 언니 같았다.

"지금 인터뷰하는 저분이 끝나면 바로 들어가시면 됩니다."

신호가 돌아가는 찰나에 자리를 바꾸고 들어가는 것이었다. 급하게 앉다 보니 의자가 불편했지만 고쳐 앉을 여유도 없었다. 온몸에 긴장한 티가 역력했다. 박종진 앵커는 나를 엄청 신기하다는 듯이 살짝 미소 지으며 쳐다보셨다.

"손수조 후보님, 만나서 반갑습니다."

"네, 안녕하세요."

잔뜩 긴장한 나에게 오히려 편하게 대해주는 앵커 덕분에 좀 수월했던 것 같다.

어떻게 정치를 시작하게 되었는지. 젊은데 왜 보수 정당을 지지하는지. 〈3,000만 원 뽀개기〉 전략은 무엇인지, 지금은 돈이 얼마 남았는지 등을 물어보셨다. 수도 없이 받았던 질문이었고 이제는 거의 자동 반사처럼 대답하는 지경이었다. 하지만 막상 방송이 끝나고 나니 내가 무슨 말을 했는지 하나도 기억이 안 났다. 내가 어떻게 방송을 했는지, 시간이 얼마나 흘렀는지도 갈음이 안 됐다.

끝나자마자 방송을 본 지인들의 연락이 왔다. 역시 방송의 힘은 강력했고 반응은 즉각 일어났다. 가족들은 말이 빨랐다고 천천히 말하라고 조언해주었다. 방송 기자를 준비하며 카메라 테스트를 여러 번 거쳤던 것이 도움이 되었는지, 생각보다 카메라 울렁증은 없는 편이었다. 첫 티브이 출연 이후에도 종종 나는 방송에 출연하곤 했다. 당시 종편 프로그램이 막 생겨나 출연할 수 있는 채널이 많은 편이었고, 그 덕분에 출연 기회를 더 많이 얻었던 것 같다.

박종진 앵커 역시 훗날 정치권에서 활동하게 되어 종종 인사할 기회가 있었다. 현재는 정치 활동은 하지 않는다. 얼마 전 서울역 앞에서 파전에 막걸리를 마시며, 아주 편안하게 두런두런 이야기를 나누었다. 10년이라는 시간이 언제 이렇게 훅 갔느냐며, 처음 방송 하던 그날을 함께 떠올렸다.

다 좋은데
어려서 안 돼

나이는 나의 가장 큰 장점이자 단점이었다. 27세 여자여서 주목을 받았고, 27세 여자여서 거부감이 컸다. 지금도 여자가 정치하는 것조차도 심리적 허들이 있는데, 젊은 여자는 명함도 못 내밀었다.

40~50대 여성분들은 새침데기 같은 이미지를 싫어했다. 구수한 아지메가 되어야 한다.

사투리도 '햇어예' 써주고, 팔짱도 잘 끼면서 스킨십도 할 줄 알아야 한다. 설거지, 서빙, 배달 뭐든 빼지 않고 일도 잘 거들어야 한다. 아이를 낳고 두 번째 선거에 뛰어들었을 때 가장 적극적인 반응을 보여주셨다. 결혼하고 아이를 낳고 살림 사는 여자들끼리의 끈끈한 동지애라고 할까. 말하지 않아도 아는 그런 무언가가 있는 것 같았다.

스물일곱 손수조, 정치에 도전하다

20~30대 여성분들은 걸크러쉬한 매력을 좋아했다. 쇼커트 머리에 검은 정장과 흰 셔츠, 그리고 운동화를 신고 강한 여성의 매력으로 어필했다. 물론 당시 이준석 대표는 나더러 '아톰 머리' 같다고 놀려댔고, 지금도 많은 후배들이 다시는 그 쇼트 머리를 하지 말라고 하지만….

지금은 나의 올케가 된 우리 캠프의 스태프는 내가 너무 말랐다고 살을 찌워야 한다고 했다. 선거 때 심각하게는 38kg까지 빠졌으니 건강을 위해서라도 좀 쪄야 했지만, 아이 둘 낳고 뱃살이 한 튜브만큼 붙은 지금은 왜 굳이 살찔 걱정을 하고 있었을까 웃프기도 하다.

50~60대 남성분들은 가벼운 걸 싫어한다. 뛰어다녀도 안 되고 너무 박장대소하며 웃는 것도 안 좋아한다. 점잖고 차분한 모습을 보여야 한다. 심지어 의전 차량의 차 문을 내가 직접 여는 것도 보기 안 좋다 했다. 의전팀장이 차 문을 열어 주면 우아하게 내리고 타야 한다는 것이다. 항상 근엄하게 행동하라 했다. 하루는 미용실에서 머리를 뽀글이 아줌마 파마를 하고 행사장을 갔더니 '아, 이제 좀 국회의원 후보 같네' 하시며 만족해하셨다.

30~40대 남성분들은 똑똑한 걸 좋아한다. 논리적이고 합리적인 이야기로 서로 소통하는 것을 중요하게 생각하고, 한 번이라도 만나 악수하고 이야기를 나누고 나면 호응을 많이 해 준다. 본인이 맞다고 생각하는 주장을 잘 굽히려 하지 않지만, 자신과 생각은 다르

지만, 합리적인 이야기를 하면 수긍을 잘한다. 주로 직장생활을 하기 때문에 현장에서보다는 언론이나 SNS를 통해 후보를 보는 비중이 높다.

모두를 만족시킬 수는 없있다. 나를 내 모습 그대로 보여주되, 상황에 맞게 맞춰 드리는 요령은 있었지만. 국회의원 하기에는 너무 '어린 여자'라는 사실은 포장할 수도, 꾸밀 수도 없었다.

"다 좋은데 너무 어리다."

"요번 말고 다음에 나오면 괜찮겠네요."

하는 이야기를 하루에 수십 번 들었다.

나의 상대 후보에게는 나를 깎아내릴 수 있는 너무나 쉬운 논리이기도 했다.

"너무 어려서 뭘 알겠어요? 안 돼!"

이 한마디면 다들 수긍을 해버렸다. 어린 이미지를 탈피하기 위해 아무리 점잖은 옷을 입고, 머리를 파마하고, 무거운 토론 프로그램에 출연해서 호응 정도는 받을 수 있지만, 국회의원을 뽑는 표로 이어지기까지가 너무나 멀었다.

많은 이들이 보는 앞에서 대놓고 민망함을 주는 경우도 허다했다. 엄연히 같은 후보자 자격으로 행사장에 참석하여도, 다른 후보자들에게는 깍듯이 대하고 내 차례에서만 '어! 수조 왔나?' 하며 반말을 하여 주위에 비웃음을 자아내기도 했다. 행사장에 준비된 다

과를 던지며 '자, 과자나 먹어라' 하는 경우도 있었고, 행사장에서
아예 내 좌석을 빼버리기도 했다. 그래서 공식적인 행사 자리가 나
는 너무 힘들었다. 오히려 골목골목 상점들이나 시장, 출근길 퇴근
길에 지나는 분들을 대하는 것이 몸은 힘들어도 마음은 더 편했다.

공천

　본선 면접 날이 다가왔다. 이름이 바뀐 새누리당의 공천 심사위원들이 부산으로 모두 내려왔다. 나는 시간에 맞춰 새누리당 부산시당으로 가면 된다.

　남동생과 난 처음 맞이하는 낯선 환경에 매우 어색했지만, 주눅들지 않으려 정신을 가다듬었다. 그러나 저 멀리 보이는 빼곡하게 들어선 기자단과 번쩍번쩍 터지는 플래시, 줄지어 들어서는 검은색 승용차들을 보자 우리는 점점 말수가 줄어들었다.

　이곳에서 승패가 난다. 지난겨울부터 달려왔던 나날들에 대한 심판을 받고, '본선으로 가느냐 못 가느냐' 하는 결전의 날이다.

　당사의 현관문을 '삐걱' 열어젖히는 순간, 현장에 계시는 모든 기자가 일제히 나에게 달려왔다. 수십 대의 카메라들이 나를 비췄고,

플래시가 연거푸 터졌다. 피가 거꾸로 솟는다는 기분이 이런 걸까. 들뜨기도 하고 울컥하기도 하고 심장도 너무 빨리 뛰고 온몸에 힘이 들어갔다.

"오늘 어떤 각오로 오셨나요?"

"공천 자신 있으신가요?"

"면접 준비는 어떤 걸 하셨나요?"

기자들의 질문이 이어졌고, 대답은 짧게 했던 것 같다.

"제 진심을 모두 담아 면접을 보겠습니다. 제가 태어나고 자라고 우리 부모님과 형제가 살고 있는 이곳을 위해 일하고자 하는 제 마음을 보여 드리겠습니다."

손수조는 끝까지 버티지 못할 것이라는 이야기가 많았다. 본선 면접을 보러 오지 않을 것이라는 관측 속에서 내가 실제 면접을 보러 오자 기자들은 엄청난 관심을 보였다. 나의 도전이 시험 삼아 하는 것이 아닌 진심으로 출마한 것을 확인하려는 것이었다.

면접은 오래 걸리지 않았다. 부산 사상구의 예비후보들은 총 4명이었다.

면접장에는 훗날 총리를 지냈고 2022년 대선의 선거관리 위원장으로도 활동하신 정홍원 공심위원장을 비롯한 심사위원들이 앉아 있었다. 그리고 그 맞은편으로 후보자들이 나란히 앉았다. 분위기는 차분하고 침착했다. 모두에게 공통질문이 있었고, 개별로 추가 질문을 하는 방식이었다.

공통질문은 '정치를 하고자 하는 이유', '내가 후보자로 적격한 이유' 등 이었다.

정치를 왜 하고자 하느냐는 질문에 나는 "정치는 매우 중요한 것입니다. 이 사회를 돌아가게 하는 모든 분야 중의 꽃입니다. 정치만큼 우리 삶에 지대한 영향을 미치는 것은 없다고 생각합니다. 정치를 바로 세우는 일을 하고 싶고 그 일원이 되고 싶습니다."

대략 이렇게 답을 했던 것 같다.

솔직히 면접장을 나오는 순간 내가 뭐라고 이야기했는지 다 까먹었다. 그만큼 긴장했다.

왜 후보자가 되어야 하느냐는 질문에는 첫째, 둘째, 셋째 이렇게 손가락을 꼽아가며 이야기를 했었다. 나는 너무 진심이었고 심사위원 한 분 한 분 눈을 마주치며 거의 울기 직전까지 호소했던 기억이 난다. 그날이 마지막일 수도 있었기 때문이다.

심사위원 한두 분들이 서서히 의자에서 몸을 일으켜 세우며 추가 질문을 하셨다.

'아, 내 이야기를 들어 주시는구나' 하는 생각에 온 힘을 다해 답변했다.

그날 밤, "부산 면접에서 손수조 후보가 가장 기억에 남습니다."라는 정홍원 공심위원장의 인터뷰가 뉴스에서 흘러나왔고, 며칠 지나지 않아 나는 뉴스에서 '손수조 공천 확정' 소식을 들었다. 그 누구에게도 이 사실을 먼저 통보받지 못했다. 후에 들은 이야기지만,

스물일곱 손수조, 정치에 도전하다

모든 공천이 그렇듯 발표 직전까지 엄청난 토론이 이어졌다고 한다. 박근혜 비대위원장 역시 "괜찮을까요?"라고 고개를 갸우뚱했다고 하고, 다른 유명 정치인 혹은 명망가들의 이름이 테이블 위에서 계속 맴돌았다고 한다.

훌륭한 분들이 많이 있었고, 지역의 유력 정치인들도 있었다. 내가 그분들보다 뛰어나다기보다는, 나는 그때의 그 선거에서는 내가 적격이라고 지금도 자부한다. 손수조였기에 달성할 수 있는 소기의 성과가 있었다.

지금도 나의 공천을 두고 'ㅇㅇㅇ가 공천을 받았으면 문재인 후보를 이겼을 것이다'라는 이야기가 나오곤 하지만, 정치에 가정은 없다. 결과에 승복하고, 또 다른 미래를 이야기해야지, '그때 내가 했었다면…' 같은 건 없는 세계다. 후회할 바에는 승부를 던져야 한다.

선거의 상처들

3,000만 원 공약과
공약 파기 논란

'3,000만 원을 넘기게 되었습니다.'

선거 비용을 하루하루 가계부처럼 쓰고 있었기에, 3,000만 원을 넘기게 된 날을 기억한다. 도저히 버틸 수 없는 상황이었고, 여기서 선거를 멈출 수는 없었기에 나는 초과 지출 결정을 했다. 그리고 캠프에 알리고 언론에도 솔직하게 밝히겠다고 했다. 3,000만 원으로 선거를 치르겠다고 약속했는데, 그걸 넘어서는 것을 내가 알고도 모른 체하고 선거를 이어갈 수는 없었다. 내가 솔직히 털어놓으면 보시는 분들도 이해해주고 다 격려해 주실 거라 믿었다.

선거판을 몰라도 너무 몰랐다.

캠프 관계자분들은 모두 나를 말렸다. 선거 중간에 굳이 그 발표를 할 필요가 있냐는 것이었다. 선거가 다 끝난 후 총결산하고 그때, '3,000만 원이 조금 넘었습니다' 하면 된다는 것이었다. 지금 발표를 하면 공약을 어긴 것밖에 안 된다고 하셨다. 하지만 내 의견은 달랐다. 내가 3,000만 원이 넘은 걸 인지하고 있는데, 아닌 척 끝까지 갈 수는 없다고 생각했다. 비록 비판하는 분들이 있을 수 있지만, 대다수는 나의 진심을 알아주리라 생각했다.

'3,000만 원을 조금 넘기게 되었지만, 저비용 선거에 대한 저의 의지가 꺾인 것은 아니며 끝까지 이 정신을 가지고 선거를 치르겠습니다'

나는 내 생각대로 언론에 발표했다. 나도 한 고집 했다. 그리고 그 고집은 뼈아픈 칼날이 되어 돌아왔다. 이 발표는 '손수조 공약 파기' '손수조 거짓말'이라는 프레임이 되어 모든 것을 삼켜버렸다. 네이버 실시간 검색 1위에 '손수조 거짓말'이 떠 있고, '손수조'를 검색하면 '거짓말'이 연관 검색어로 떴던 그 악몽의 순간들을 잊지 못한다. 처음에 패기 넘치는 젊고 깨끗한 후보였던 나는, 거짓말하고 벌써부터 공약을 어기는 기존 정치인들과 다름없는 빛바랜 사람이 되어 있었다.

내가 약속을 지키지 못한 것은 사실이다. 물론 나도 중간에 계획이 틀어져서 억울하기도 했다. 후원금 모금도 열심히 했는데 그건 전혀 쓸 수 없게 되어버려 지출 계획이 틀어졌다. 하지만 중간에 바로 잡지 못한 것도 내 잘못이다. 대중들의 열렬한 환호에 도취하여 지키지 못할 약속을 한 것이다. 후원금을 제외하고 모든 선거 비용을 3,000만 원으로 해 보겠다고 결정했던 것도 다름 아닌 나였다. 제대로 된 예상 비용도 뽑아보지 않고 그저 들뜬 마음으로 덜컥 약속한 것이다. 그 당시에는 내가 이렇게 열심히 힘들게 하고 있는데, 왜 내가 욕을 먹어야 할까. 도무지 받아들여지지 않았지만, 지나고 보니 내 어리숙함과 부족함이 보인다.

공식적으로 사용할 수 있는 선거 비용이 약 1억 5천이고, 이 중 일정 비율 이상 득표하면 2/3가량은 국가에서 보전받을 수 있다. 이 선거 비용은 국민 세금이다. 세금으로 선거를 치르기 때문에 그 과정에서 불필요하게 드는 비용은 줄이자 한 것이다. 그래서 후보자의 불찰로 재·보궐 선거가 발생하면 정말 손해가 크다. 또 그만큼 국민 세금으로 선거를 치러야 하기 때문이다. 보통의 후보자 입장에서도 공식선거 비용만으로 선거를 치르면 아주 잘한 것이다. 떠도는 소문에 의하면 많게는 공식 선거 비용의 10배까지 뒷돈을 쓴다고 한다. 10억이다.

내가 증명할 수는 없겠다. 하지만 분명한 것은 지금의 선거 방식은 너무나 비합리적인 고비용 선거이고, 그만큼의 목돈이 없는 정치 신인에게는 큰 허들이다. 앞으로 다가올 포스트 코로나 시대의 비대면 위주의 생활방식이 익숙해진 상황에서는 더더욱 지금의 선거 방식은 비효율적이다. 선거가 바뀌어야 사람도 바뀌고 정치가 바뀐다고 생각한다. 정치 곳곳에 신인들의 진입을 교묘하게 막는 시스템들이 진을 치고 있다. 원외 위원장의 후원금 모금을 막고 사무실 운영을 막는 것부터 당협위원장 선출 방식에 이르기까지 법과 제도를 바꾸고 시스템을 바꿔야만 진짜 '정치 교체', '세대교체'를 이룰 수 있다. 사람 한둘 깜짝 영입한다고 눈속임할 수 없다.

나의 저비용 선거 실험은 '정치교체', '세대교체'의 아주 미약한 시발점이었다. 앞으로의 여정은 다난하고 오래 걸릴지 모르겠지만, 필수고 의무다.

안티 기사

'불가근불가원不可近不可遠'
너무 가까이도 말고, 너무 멀리도 말고.

정치권에서 언론을 대하는 자세다. 정치는 대중과 호흡하는 일이고, 정치인과 대중을 이어주는 것이 바로 언론이다. 그래서 정치인은 언론을 항상 가까이 두고 잘 관리하여야 한다. 하지만 너무 가까우면 사고가 잘 나고, 너무 멀면 대중과 제대로 호흡을 할 수 없다. 그래서 '불가근불가원'이라 한다.

나를 마주하는 기자들은 모두 평정심을 갖고 잘 대해주지만, 늘 내가 원하는 대로 기사가 나오진 않는다. 언론이 나를 싫어하고 안티 기사를 낼 수도 있다. 오히려 우호적인 곳이 별로 없다고 인식하고 언론을 대하면 안전하다. 언론과 상대하는 모든 내 행동과 발언이 언제든 와전될 수 있다고 생각하고, 정제된 발언을 해야지 중언부언하면 엉뚱한 부분만 기사화되기도 한다. 우스갯소리로 기자들과 술을 취할 듯이 마셔도, 취중에 나온 발언들까지 기자들은 다 메모하고 있다고 힌다. 동시에 언론의 힘을 인정하고 평소에 잘 소통하는 것이 필요하다.

모 의원의 뇌물 수수 사건이 터졌다. 손수조 후보에게도 뇌물을 건넸다는 의혹이 터졌다. 나는 그분을 잘 알지 못했다. 그분뿐만 아니라 몰래 뇌물을 주고받을 정도로 친한 국회의원은 내 주변에 단한 명도 없었다. 나는 그런 사실이 없다 했고, 그분을 잘 알지 못한다고 했다. 그러나 다음날 나와 모 의원이 나란히 서서 찍은 사진이 언론에 공개되었다. 내가 거짓말을 했다는 것이었다. 그런 사진은 하루에 수십 장씩 찍었다. 누가 누군지 제대로 기억하지 못했다. 그 사진을 보고 나서야 나도 '아, 이분이 다녀가셨었지!' 했다.

무조건 '나는 모르고, 그런 일은 없다'라고 언론 대응을 해서는 안 됐었다. 찬찬히 기억을 되새겨보고 자료들을 찾아본 뒤 'ㅇㅇ월 ㅇㅇ일에 다녀갔고, 같이 사진을 찍기도 했다. 하지만 매우 짧은 시간이었고 더구나 돈을 주고받은 일은 전혀 없다.'라고 이야기했어야 했다. 하지만 다시 돌아가도 난 그 정신에 다 기억을 못 할 것이다. 그래서 보좌진을 대동하나 보다. 한 사람의 머리로는 도저히 다 기억할 수 없는 용량이다.

젊고 어린 후보가 가장 조심해야 할 이미지는 '버릇없다. 예의 없다'라는 것이다. 하지만 내가 아무리 나이가 어리지만, 거절할 수밖에 없는 상황도 생긴다. 다소 무리한 부탁도 있고, 해서는 안 되는 일도 있기 때문이다. 그렇게 감정이 상해버리면 무작정 나는 '예의 없다'라는 말을 들어야 했다. 문제는 이러한 이야기가 기사로 나면, 한층 심각해진다. 대다수 나를 직접 모르는 분들은 한순간에 나를 그렇게 생각해버리기 때문이다.

실제로 나와 감정이 상했던 한 지역 유지가 언론에 제보했고, 언론에는 '지역의 한 유권자에 의하면 버릇이 없다고 한다더라'라는 식의 기사가 나간 적이 있다. 그 기사는 나에게 꽤 치명타가 되었다. 이러한 '카더라' 식의 기사가 나가지 않기 위해서는 사전에 언론사와 원만하게 지내며 소통을 잘하고 있어야 한다. 그래야 잘못된 사실과 소문은 기사화되기 전에 막을 수 있다.

예전부터 알던 선배 기자였다. 힘든 시기에 많이 조언도 해주고 안타까워하는 마음으로 위로도 해줬다. 그런데 하루는 둘이 허심탄회하게 나눴던 대화가 기사로 떠 있었다. 크게 중요한 일은 아니었지만 너무나 당황스러웠다. 알고 보니 당황스러운 것은 오빠도 마찬가지였다고 한다. 당시 막내 기자였던 오빠는 그저 친한 선배들에게 아무렇지 않게 내 이야기를 했던 것이, 결국은 데스크까지 올라가게 되어 기사가 나버렸다고 한다.

'절대 다른 사람한테는 이야기하지 말라' 하는 것은 정치판에는 없다고 보면 된다. 내 스스로 내 입 밖으로 나간 말들은 무조건 번진다. 아무리 친한 사이라도 그런 의도가 아니라도 은연중에 흘러나오게 되고, 그것이 부풀려져 헛소문이 된다. 가족도 안 된다. 모든 고민, 아픔, 슬픔을 다 혼자 감내하고 삭혀야 했다.

선거의 상처들

헛소문, 마타도어

선거판에 소문이야 '카더라' 하면 그만이고, 바늘 도둑이 소도둑으로 둔갑하는 것은 다반사다. 이런 헛소문, 마타도어를 전담으로 만들고 뿌리는 담당자도 있을 정도다. 소문이 잘 퍼지는 미용실, 목욕탕, 전통시장을 중심으로 사람을 심기도 한다. 양 캠프에서 이런 흑색선전을 안 하면 서로 참 좋은데, 한쪽이 작정하고 마타도어를 돌릴 경우, 여력이 된다면 이 흑색선전을 막을 장치를 해야 한다.

한쪽에서

"근데 그 사람 진짜 별로라더라." 하면

"아닌데 나는 괜찮다고 들었는데?" 해줘야 조금 막을 수 있지, 막지 못한다면

"진짜? 어머 정말 그런가 보네." 이렇게 여론이 형성되어 버린

다. 이런 게 아무렇지 않아 보여도 지역구의 선거에서는 중요하다. 조직적으로 사람을 심어 여론전을 펼치면 속수무책이다.

첫 공격은 내 재산 내역에 대한 소문이었다.

나는 트럭 운전사의 딸로 언론에 소개되었다. 실제로 엄마는 보험 설계사 일을 했고, 아버지는 트럭 운전을 했다. 하지만 이 모든 것이 위장이고 실제 내 재산이 수억 있다는 것이었다. 이것은 당시 문재인 캠프의 공식 논평으로 발표됐다. 미혼이었던 나는 후보자 재산 신고에 부모님 재산까지 신고했는데, 당시 우리가 살고 있던 아파트 시세가 1~2억 했다. 조금만 자세히 들여다보면 부모님 재산이라고 다 쓰여 있는데 왜 오해를 하는지 이해가 안 갔다. 그 논평 이후로 순식간에 나는 20대에 자산이 몇억 있는, 돈으로 권력을 사려고 하는 사람으로 둔갑 되어 있었다.

이런 일도 있었다.

하루는 엄마가 미용실을 갔는데, 미용실에 삼삼오오 모인 분들이
"손수조 엄마랑 내가 친군데, 예전에 나한테 이렇게 했다니까."
하는 이야기를 하더란다. 그냥 지나치기에는 너무 황당하여 엄마는
"제가 손수조 엄마인데 저를 아세요?"라고 했고,
상대방은 깜짝 놀라며 대충 둘러대고 미용실을 나가려고 했다.
엄마는 그분을 따라가, 이 일이 혹시 또 다른 소문을 낳으면 안

되기에 좋은 말로 타일렀는데, 그러자 그분이 사실은 누구에게 부탁을 받았다고 털어놓았다고 했다.

'손수조는 명함을 줄 때 사상구 사람이 아니라고 하면 홱 돌아선다고 하더라'

'손수조의 남동생은 외제차를 타고 다니더라'

별별 헛소문이 다 돌았다. 내가 들은 것 말고도 얼마나 말도 안되는 이야기들이 선거판에 돌았을까. 가장 심각한 사건은 선거를 바로 며칠 앞두고 벌어졌다. 민주당 측에서 당시 사상구의 구청장과 나와의 연루설을 제기하며, 관권선거 불법선거를 했다는 주장이 나왔다. 손수조 후보는 신선하지 않고 구태하고 불법한 선거를 하고 있으며, 그 증거가 있으니 고발한다는 내용이었다. 선거를 며칠 앞두고 이러한 헛소문을 퍼트리고 고발 공작을 하면, 어차피 수사 결과는 선거가 끝나고 나서 나올 터. 완전히 '아니면 말고' 식의 여론전이었다. 참 비겁한 방법이다. 수사 결과 '혐의없음'이었지만, 선거는 끝났고, 아무도 그 결과에 관심 없었다. 이제는 더 이상 이러한 헛소문, 마타도어, 비겁한 공작 정치가 통하지 않으리라 생각한다. 대중들의 수준이 그만큼 높아졌다.

상대 지지자들의 공격

선거가 과열 양상을 띠자, 여기저기 과격한 사건들이 발생했다. 내가 아는 분은 술자리에서 정치 이야기를 하다가 서로 말다툼이 되고, 몸싸움으로 번져 팔을 크게 물리는 사고를 당했다. 또 한 번은 식당에서 내가 지지자들과 식사를 하는데, 옆자리에 앉아 계시는 분들과 서로 의견 충돌이 생겨 단체로 이단옆차기를 하던 일도 있었다. 이미 우리 지역구만의 선거가 아니라 박근혜-문재인 대선 전초전이 되어버려, 다른 지역에서 와서 선거 기간 동안 호텔에 묵으며 선거운동을 한 지지자들도 많았다. 응원도 전국 각지에서 받았고, 비난도 전국 각지에서 들었다.

공식 캠프 사무실 전화는 불이 났다. 전국 각지에서 걸려 오는 응원과 비난에 전화기 앞을 떠날 수 없을 지경이었다. 응원과 칭찬

선거의 상처들

이야 감사하지만, 심각하게 전해지는 욕을 다 들어주는 일은 정말 쉽지 않았다. 전화 응대는 그 스트레스가 너무 높아 결국 아무도 하지 않으려 했다. 부탁할 곳은 가족뿐이었다. 동생은 나와 같이 현장 인사를 다니고, 엄마와 아버지는 각자 명함을 돌리러 다니시기에 바빴다. 친절하고 착한 둘째 이모에게 전화 응대를 부탁했다. 지나고 들어보니 이모는 태어나서 그런 욕 들은 정말 처음 들어봤다고 한다. "네, 손수조 후보 사무실입니다." 말이 떨어지기도 무섭게 십 원짜리 욕들이 날아왔고 그 욕의 수준이 상상 초월이라고 했다.

한 번은 내 개인 휴대폰으로 전화가 왔다.

"야! 이 X 아"부터 시작해서

"죽여 버린다"로 끝났다.

그런 살기 어린 목소리의 욕을 듣기는 27년 인생 중 정말 처음이었다. 심장이 너무 두근거리고 무서웠다. 그 뒤로 SNS에 올라오는 쪽지나 댓글들을 더 못 보게 되었다. 훗날 열어 보았을 때 응원의 메시지가 더 많았는데, 그 당시에는 모두가 나를 노려보는 적 같았다. 열어 보면 욕들이 가득할 것 같은 두려움에 열어 보지 못했다. 가끔 혼자 기차나 비행기를 타고 움직일 때는 불안증세가 더욱 심해졌다. 뒤에서 부스럭 소리만 나도 누군가가 나를 향해 칼을 들이댈 것만 같은 느낌에 온몸에 소름이 돋곤 했다. 그때 생긴 불안증세가 최근까지 나를 힘들게 했다.

명함을 돌리는 일도 쉽지 않았다. 대다수가 명함을 받기 싫어하고, 받아도 바로 바닥에 버리는 경우가 많았다. 선거 시즌이 또 겨울이다 보니 손을 호주머니에 넣고 빼지 않으셨다. 한 번은 명함을 드렸는데 나를 쳐다보며 그 명함을 찢어 나에게 던지셨다. 그분의 눈빛 그리고 주변에서 느껴지는 민망함이 지금도 생생하다.

또 한 번은 식당에서 명함을 드리며 인사를 했는데 "체할 거 같으니까 좀 가줄래요?" 대놓고 핀잔을 주기도 했다. 정말 민망하고 비참한 순간들이 많았다. 그때는 주위에 보는 눈이 많아 그저 아무렇지 않게 머쓱하게 웃어넘겼지만, 다 상처로 남았다.

한참 활동을 할 때는 잘 몰랐지만, 정치 활동을 그만두고 집에서 쉬는 동안 오히려 나는 많이 아팠다. 자신을 과대평가하고 '난 잘 견딜 수 있어', '난 괜찮아'하고 넘길 일이 아니라, 잘 치료받고 꼭 회복해야 한다고 말하고 싶다.

선거의 상처들

당내의 시선

적은 상대 진영에게만 있는 것이 아니었다.

상대 진영과의 싸움은 선거 몇 달 동안이 전부지만, 그 외 몇 년 간 싸워야 하는 진짜 적은 당내에 있었다. 내가 현실정치를 하는 동 안 가장 힘들었던 것이 무엇이냐 물어본다면, 바로 이 당내의 정치 를 버텨내는 일이었다.

내가 출마한 부산 지역은 대부분 보수 진영이 우세한 지역으로, 공천은 즉 당선으로 이어지는 지역이 많다. 그래서 본선만큼이나 당내 경선이 치열하고, 내부 다툼과 경쟁이 많다. 기존 현역 국회의 원이나 전 의원들을 중심으로 형성된 파벌이 워낙 굳건하고 새로운 세력의 형성을 완전히 차단한다. 이러한 기득권들은 각 지역의 유 지들을 비롯하여 아파트 동별 반장까지 촘촘하게 피라미드처럼 엮

어져 보이지 않는 조직체계를 이루고 있다. 여기에서 새로운 세력이 만들어지려고 하면 온갖 방해 공작과 음해를 가한다.

'당원을 우롱하는 공천 결정 반대한다'

나의 공천이 결정된 날 우리 지역구에는 빨간색 항의성 현수막이 곳곳에 붙었다.

공천에 불만을 표시하는 일부 당원들이 집단으로 탈당을 하고, 시당에 항의 방문을 했다. 나는 어떻게든 그분들의 마음을 돌려야 했고, 대표자 한 명과 따로 만났다.

"당원분들을 섬기고 함께 갈 것이며, 지켜봐 달라. 열심히 하겠다."라고 했다.

좋은 분위기로 함께 잘 화합하기로 하고 헤어졌는데, 그다음 날 그 대표자 중심으로 또 항의성 시위가 열렸다. 애초에 물과 기름처럼 섞일 수 없었던 것일까. 이들은 내가 두 번째 선거에 낙선하여 완전히 사무실을 접을 때까지 우리 사무실에 수시로 찾아와 책상을 뒤엎는 등 항의성 시위를 하였다.

당협위원장으로 활동하고 있을 때, 나를 당협위원장에서 제명시키기 위한 움직임이 당내에서 일었다. 내가 제명되어야 하는 이유를 수집하고, 당원들 서명을 받아 당에 제출하는 등 집단행동을 이어갔다. 이 모든 것이 지방선거를 앞두고 공천권을 둘러싼 자리 싸움이었다. 정치권의 대부분 분쟁은 거의 8할이 바로 이 '공천' 때문이다. 나는 당에 들어가 소명을 하고 자초지종을 설명했다. 더욱 가슴 아팠던 것은 그 자료에 서명한 당원 중에 내가 이름을 아는 사람들도 있었다는 사실이다. 우리 캠프에서 활동하고, 내가 함께한다고 믿었던 분들인데 참, 사람 마음 알 수 없었다.

나를 둘러싼 모두가 적이라는 느낌을 받았다.

잠시만 정신을 놓으면 잡아먹히어 버릴 것만 같은 느낌. 모두가 내 행동 하나하나를 지켜보고 평가하고 꼬투리를 잡기 위해 벼르고 있는 것 같았다. 나는 너무나 잘하고 싶었고, 실수하고 싶지 않았고, 보란 듯이 해내고 싶었다.

이를 악물고 독해지고 독해져야 했다. 내부는 내부대로 나를 노려보고 있고, 언론은 언론대로 나를 졸라매고 있었다. 상대 후보의 지지자들은 길거리에서 만나도 침을 뱉고, 가족은 가족대로 지쳐갔다. 내가 마음의 끈을 하나만 놓으면 다 와르르 무너지는 벼랑 끝에 선 기분이었다.

돈 선거는
어떻게 하는가?

국회의원 한 번 출마하면 집안 기둥뿌리가 뽑힌다는 옛말이 있다. 돈 선거가 한참 횡행하던 때 말인 것 같다. 지금은 아무래도 그런 문화가 많이 없어졌다. 후보자 자신도 선거에 돈을 동원하지 않지만, 유권자들도 더 이상 그런 것을 바라지 않는다. 이준석 대표나 배현진 의원과 허심탄회하게 얘기한 적이 있는데, 실제로 요즘 선거 분위기는 돈으로 표를 사는 일은 잘 없다. 집집마다 고무신을 걸어 놓고, 비누를 돌리는 시대는 확실히 지났다. 그런데도 돈이 왜 들까? 왜 선거 치르려면 10장이 준비되어 있느냐고 물어보는 사람들이 아직도 많을까.

돈은 조직을 만드는데 든다. 선거는 크게 바람선거와 조직선거 두 가지로 나눌 수 있는데 바람선거는 언론 유명세를 동원하여 인기 바람을 불러일으켜 선거를 치르는 것이고, 조직 선거는 촘촘한 피라미드 조직을 설계해 그 조직 구성원들이 구석구석 표를 모아오는 방식이다. 바람선거로 선거를 치르면 후보자 인지도도 높아지고 돈도 별로 안 들기 때문에 모든 후보자의 워너비^{wannabe}다. 하지만 바람선거는 대선후보급 아니고서야 힘들다. 대부분은 조직선거를 치른다. 이 조직을 설계하기 위한 사람 인건비와 활동비가 돈 선거의 90%다.

조직을 한번 짜보자.

A. 협의회

　1동　- 협의회장 +회원 10명

　　　- 여성회장 +회원 10명

　　　- 청년회장 +회원 10명

　2동　- 협의회장 +회원 10명

　　　- 여성회장 +회원 10명

　　　- 청년회장 +회원 10명

　......

　12동 - 협의회장 +회원 10명

　　　- 여성회장 +회원 10명

　　　- 청년회장 +회원 10명

　간부 36명. 회원 360명

B.산악회

　1동 　- 산악회 회장, 여성회장, 청년회장, 산대장 +회원 30명

　2동 　- 산악회 회장, 여성회장, 청년회장, 산대장 +회원 30명

　……

　12동 - 산악회 회장, 여성회장, 청년회장, 산대장 +회원 30명

　간부 48명. 회원 360명

C.부위원장단

D.중앙위원회

E.여성위원회

F.자문위원회

G.청년위원회

H.학부모위원회

　……

　이런 식으로 얼마든지 조직을 만들어 나갈 수 있다. 간부 약 100명에게 100만 원씩 지원하면 1억이다. 간부가 하는 일은 밥 사는 일이다. 회원들을 모아 밥을 사고 술을 사며 인심을 산다. 절대 그 후보를 지지하라는 말을 직접적으로 하지 않는다. 그저 그 식사 자리에 후보자를 은근슬쩍 부르고, 후보자가 잠시 왔다 가며 다 악수를 하고 자신의 포부와 공약에 대해 연설을 한번 한다. 그 뒤로 분위기는

　　　　　　　　　　　　　　　　　　선거의 상처들

아주 좋다. 후보자에 대해 호감이 생기고 여론이 좋아진다. 이렇게 일을 잘하는 간부에게는 하는 만큼 돈이 더 내려갈 수도 있다.

조직이 있는 후보와 없는 후보가 선거를 치른다는 것은 대기업과 스타트업이 매출 경쟁을 하는 것과 같다. 점포가 100개 있는 대기업의 매출을 스타트업 개인사업자가 따라잡기 힘들다. 엄청나게 경쟁력 있는 상품으로 언론 조명을 받으며 전국적인 센세이션을 불러일으킨다면 단번에 대기업을 따라잡을 수도 있지만, 매우 힘들다. 돈이 없으면 직원을 못 뽑고 회사를 운영하지 못하는 것이다. 늘 투자금을 구하러 돌아다녀야 하고 그 투자자들에게 휘둘리는 것이다. 이 생리를 아는 당 관계자들은 돈 없으면 정치 못 한다는 소리를 입에 달고 산다. 제대로 된 자신의 정치를 하기 위해서는 10억도 아니고, 불법 자금을 쓰는 것도 아니더라도 적어도 자기 밥벌이는 할 수 있는 자본과 소득은 있어야 한다.

가장 큰 상처, 불효

　정치 초년생 손수조가 가장 간과한 것이 있었으니, 정치와 선거는 가족 사업이라는 것이었다. 나 하나의 결정으로 모든 내 가족이 이렇게 생고생을 하게 될 줄 몰랐다. 나 혼자 힘들고 아픈 것은 이미 감당하기로 한 일이지만, 가족이 옆에서 도와줘야 한다는 정도로만 알았고, 그 뒤에서 이렇게 힘들고 아파야 할 줄은 몰랐다.

　"엄마, 나 이번에 출마하려고요."

　"와?"

　"이래저래 해서요. (자초지종 설명)"

　"그래, 니가 언젠가는 하겠지 했다. 니 알아서 하그라."

　그저 이렇게 시작된 일이었는데, 우리 가족은 내가 두 번의 선거에 낙선하고 정치권에서 버티는 약 10년 동안, 모두가 살면서 한 번도 겪어보지 못한 고통을 함께 겪어내야 했다.

하루는 어머니께서 울면서 전화를 했다. 전화기 옆으로 올케도 같이 울고 있었다. 같이 활동을 하는 당원들에게서

'돈도 없으면서 왜 정치하느냐?'

'빚을 내서라도 돈을 풀어라. 그래야 이기지 않냐. 지면 책임질 거냐?' 등의 이야기들을 사무실 한가운데 서서 들으셔야 했던 모양이다.

오히려 무뚝뚝하고 강인하기만 했던 어머니라 우시는 건 외할아버지 돌아가실 때 말고는 본 적이 없었는데 더구나 나에게 이렇게 전화해서 말씀하실 분이 아닌데 정말 참다 참다 못 참아 하셨구나 싶었다. 내가 모르는 이런 일들이 수만 가지가 있겠구나 싶었다.

부유하지는 않지만 부족하지도 않게 자랐다. 부모님도 우리에게 넘치지도 않았지만 모자라지도 않게 해 줄 거 다 해 주시면서 키웠다. 어머니는 젊은 시절 열심히 하숙을 치면서 살림도 병행했고, 나중에는 보험 일도 열심히 하셔서 보험왕도 되셨다. 아버지는 평생 운수업을 하셨다. 택시도 하셨고 트럭도 했다. 지금도 하신다. 하루도 빠짐없이 새벽에 나가신다. 이런 아빠에게 나는

"부모가 뒷받침이 못 되어서 자식이 못 된다."

는 말을 듣게 했다. 엄청난 불효다.

이런 전 근대적인 사고가 전혀 맞지 않는다는 것을 우리 부모님도 나도 알고 있지만 남들에게 그런 말을 들어야 하느냐 하는 문제

는 또 달랐다.

하루는 캠프 사무실에 들어가자

이모가 창문을 바라보며 흐느끼며 울고 있었고, 창밖에는 저 아래 사상터미널 사거리에서

'우리 딸 많이 도와주세요'라는 팻말을 목에 걸고 서서 인사하는 아버지가 있었다.

가족 모두를 이렇게 마음 아프게 하고 울리면서까지 꼭 이 짓을 해야겠느냐고 계속 누군가가 내 귀에 속삭인다.

야속하게 들릴지 모르지만 그래도 버텨야 했다. 우리 가족들은 슬프고 때론 눈물도 흘리지만 그래도 나를 응원한다. 슬프고 아프다고 그만둬야 할 문제는 아니다.

조금 더 돌아보며 돌보고, 다독이며 천천히 갈 수는 있지만 멈추지는 않을 것이다.

쌍두노출 해프닝

"와~~~!!! 박근혜! 박근혜!"

박근혜 비대위원장이 검은색 승용차에서 내리고 모습을 드러내자, 4차선 도로를 가득 메운 지지자들이 일제히 환호했다. 나는 태어나서 처음으로 한 정치가의 존재가 이렇게까지 피부에 와닿는 지지를 받을 수 있구나 싶었다. 아마 그 정도의 열기는 앞으로 두 번 다시 겪어보기 힘들 것 같다. 떠나갈 듯한 환호 소리와 많은 인파 속에 나는 박근혜 비대위원장을 처음 만났고, TV로만 봤던 분을 직접 내 눈앞에 보니 말 그대로 '꿈' 같았다. 생각보다 작고 왜소해 보여 흠칫 놀랐고, 어떻게 인사를 드려야 할지 몰라 쭈뼛거렸다. 박근혜 위원장은 나를 보자마자 꼭 안아주셨고 등을 토닥토닥 두드려 주셨다.

인파라는 표현이 적절했다. 사람들의 무리가 파도처럼 일렁였고, 그 파도를 경호원들이 양쪽으로 헤쳐 주며 나와 박근혜 비대위원장의 동선을 만들어 주었다. 걸어가는 길 앞에는 언론사에서 취재 나온 카메라 기자들이 있었는데, 카메라로 우리를 찍으며 뒷걸음질 치다 몇 번을 우당탕 넘어졌다. 불과 차에서 내려 사무실로 올라가는 몇 걸음 간에 그 난리 통이 되었다. 캠프 사무실 내부는 이미 사람들로 가득 찼고, 경호원들이 서로 팔짱을 낀 채 뒤로 몸을 젖히지 않으면 거의 통로가 만들어지지 않을 지경이었다.

원래의 계획은 사무실에서 간단한 회의를 하고 박근혜 위원장과 함께 인근 시장을 방문하여 상인들에게 인사를 드리는 일정이었다. 그러나 현장에 모인 취재진과 지지자들이 섞여 아수라장이 되었고, 한 발자국도 쉽게 움직이지 못하는 상황이 되었다.

"아이고 이러다 사고 나겠다."

"차에 일단 타세요!"

하는 다급한 목소리가 어디선가 들려왔다.

옆 지역구 국회의원 차가 마침 바로 옆에 세워져 있어 거기에 올라탔다. 그 국회의원이 부랴부랴 차에 걸려 있던 옷들이나 신발을 치웠던 기억이 난다. 우리가 차에 오르자, 많은 사람들이 그 차를 둘러쌌고, 박근혜 위원장은 차창 밖으로 손을 흔들며 인사를 했다. 그때 누군가가 차량의 선루프를 열어 주었다.

"대표님, 이쪽으로 인사하시지요."

그 차는 마침 선루프가 달린 차량이었는데, 그러니까 그 선루프를 열고 의자를 딛고 올라서면 머리를 내밀고 밖으로 인사를 할 수 있는 상황이었다.

"아, 그럴까요?"

박근혜 위원장이 창밖으로 나오자 박근혜 위원장의 얼굴 한 번 보려고 몰려들었던 지지자들은 일제히 환호했다.

그 찰나 누군가 내 옆구리를 쿡 찌르며

"손 위원장도 어서 인사 같이 드려야지." 했다.

"아, 네네."

그렇게 나도 위원장 옆에 나란히 서서 인사를 하는 장면이 연출되게 되었다. 그리고 이것이 이른바 '쌍두노출 사건', 차량을 이용한 사전선거 논란이 되어버렸다. 현행 선거법상 본 선거운동 기간이 아닐 때 차량을 이용한 선거운동은 금지되어 있다. 그런데 이때는 본 선거운동 기간이 아니었고, 비대위원장과 후보자가 이렇게 차량을 이용해 지지자들에게 인사를 한 것은 사전 운동이 되어 버렸다.

선거법은 매우 까다롭다. 후보자 본인이 선거법에 대해 세세하게 알고 있는 것이 가장 좋고, 그렇지 않다면 선거법만 전문으로 하는 인력을 따로 배치해야 할 정도로 중요하다. 국회의원 후보자 입장에서 법을 어긴 것으로 논란이 되는 것은 치명타이기 때문이다. 선거법을 제대로 숙지 못한 내 잘못이 가장 크다. 그리고 현장이 워낙 통제 불능 상태가 되어버려, 우발적으로 사건이 벌어진 탓도 있다.

　선거관리위원회에서는 이러한 배경 심리를 참작해주었다. 차량을 이용한 시간이 매우 짧았고, 고의로 선거운동을 했다기보다는 위급한 상황에서 어쩔 수 없는 방어 행동이었다는 것이 참작되어 다행히 선거법 위반은 아니라고 판정받았다.

　그러나 이 사건은 그 이후에도 두고두고 인터넷상에서 많은 비판과 조롱을 받았다. 인기 유튜브 〈나는 꼼수다〉에서는 이 사건을 두고 차량부터 미리 계획했었다는 '계획설'을 퍼뜨렸고, 비슷한 차량으로 '쌍두노출'을 흉내 내며 퍼포먼스를 하기도 했다. 그 '계획설'이라는 것을 나도 들어보았는데, 너무 그럴듯하게 설명을 했다. 내가 직접 논란의 당사자가 되어 방송의 소재가 되어 보니, 정치권에서 난무하는 '의혹 제기'라는 것이 참 믿을 것이 못 된다 싶었다.

응원과 격려

500원짜리 동전을 가득 담은 유리병이었다.

한 할머니께서 괜찮은 정치인이 나오면 주기 위해 500원짜리를
계속 모으셨다면서, 그 귀한 걸 나에게 주셨다. 물론 선거법상 그대
로 받을 수 없어 돌려 드렸지만, 그 마음이 얼마나 감사한지 생각할
수록 눈물이 핑 돈다. 나는 여전히 그 500원짜리 동전 유리병을 받
을 만한가? 그 할머니께서 500원을 하나둘 모으면서 생각하시고 바
랬던 정치라는 것이 과연 어떤 것일까. 차라리 그 유리병을 돈을 주
고 산 뒤 책장에 계속 두고 볼 걸 그랬다. 그 마음 잊지 않도록.

"누나! 이거, 편지 썼어요."

기차에서 내리는데 한 친구가 달려와 쪽지를 주고 갔다. 부산에

서 기차를 타고 서울로 가는 길이었는데, 이 친구도 같은 기차였고 내가 타는 것을 본 모양이었다. 기차 안에서 급하게 쓴 편지를 전해 주고 가는데, '응원합니다. 힘내세요!'라는 내용이었다. 나를 알아봐 준 것도 고마운데 편지까지 써 주다니 너무 기뻤다. 그때 '누나 힘내세요!' 했던 친구들이 이제 10년이 지나 대한민국의 경제 주축을 담당하는 30대들이 되었을 것이다. 나는 여전히 그 친구들의 응원을 받을 수 있을까? 그들이 나를 통해 보았던 대한민국의 미래 모습은 어떤 것일까?

서울 수도권, 대전 충청권, 대구 경북 할 것 없이 전국에서 응원 메시지를 보내 주셨다. 시간이 많이 흐른 지금에도 전국 방방곡곡 행사장을 가면, 그때 너무 응원을 많이 했었노라고 알아봐 주시는 분들이 계신다. 얼마 전 〈손수조TV〉 유튜브 촬영차 인천을 갔는데, 한 분이 "그때 3,000만 원 선거한 거 내가 다 기억하고 정말 뼈에 묻고 있다"라고 하셨다. 가계부를 쓰며 선거를 했던 일을 꽤 많은 분들이 기억해주신다. 중앙당이나 언론에서 기획한 대대적인 프로젝트도 아니었는데, 그저 27살 예비후보의 작은 바람으로 시작했던 일이 이렇게 많은 분들의 가슴에 새겨진 것을 보면 정말 국민이 원하는 지점은 바로 이 지점이 아닐까 한다.

"수조 씨 그림은 리액션이 커서 좋아요. 껴안고 포옹하는 장면도 많아서 밝고 따뜻한 느낌이고요."

선거의 상처들

사진 기자들이 나에게 하는 말이었다. 실제로 내가 지역에서 인사를 다니면 그렇게 안아주시는 분들이 많았다. 힘내라고 파이팅을 해 주시고, 손으로 최고라고 엄지를 치켜세워 주시고, 그것도 모자라면 와락 안아주신다. 너무나 좋았다. 힘이 났다. 그 응원과 격려의 마음이 내가 잠을 줄여가며 조금 더 다니려고 하는 이유였다. 카메라에 비친 모습처럼 밝고 따듯한 정치만 하면 참 좋겠다. 하루 종일 그런 분들만 만나면 무조건 내가 당선될 것만 같았다.

선거 결과 발표 날

드디어 선거 날이다.

아침부터 이상하게 기운이 없었다. 선거 당일은 축제의 날일 줄 알았는데, 캠프 사무실에 나가자 사람도 별로 없고 썰렁했다. 캠프 식구들의 표정도 밝지가 않았다. 이기든 지든 끝까지 우리가 열심히 임했다는 것만으로도 나는 자부심을 느꼈는데, 선거는 확실히 〈The winner takes it all 〉이었다. 승자가 모든 것을 가진다.

"방송 중계차가 다 문재인 캠프 쪽에 있대. 사람들도 다 그쪽에 갔나 봐."

동생이 말했다.

'투표 당일에 이렇게 티가 나게 한쪽에 중계차가 다 가 있다니….'

나는 씁쓸했다.

아침 일찍 가족 모두가 투표를 마쳤고, 나는 집에서 혼자 쉬었다.

주변이 조용한 것이 너무 어색했다. 지난겨울부터 지금까지 약 6개월 정도 쉬지 않고 달렸다. 단 몇 시간 혼자 있는 것조차, 무엇을 해야 할지 멍했다. 해가 질 무렵 개표 방송이 예정되어 있었고, 나는 캠프 사무실로 갔다. 어머니 아버지 이모 고모 동생 가족들. 그리고 너무 고생 많았던 캠프 식구들. 이 눈치 저 눈치 다 제치고 우리 캠프로 와서 마지막까지 응원해 주시는 지역 분들까지. 한눈에 들어왔다. 그때부터 나는 마음속으로 울고 있었다.

예상 개표 결과가 떴다. 약 15% 차이로 지는 것으로 나왔다. 아쉽지만 여기에서 인사하고 물러나야 했다.

"그동안 응원해 주시고 함께 해 주신 모든 분께 감사드립니다."

많이들 우셨다. 즐거웠지만 참 힘든 선거였다. 나는 울음을 꾹 참았다.

"많이 노력하고 열심히 해서 더 좋은 모습으로 찾아뵙겠습니다. 앞으로도 많이 도와주세요."

오늘이 끝이 아니라 다시 시작이라고 여겼다.

다음 날 아침. 시계 알람 소리도 없었고, 나를 깨우는 사람도 아무도 없었다. 조용하게 자연스럽게 눈을 떴는데, 천장이 보였다. 어색했다. 매번 정신없이 깨서 정신없이 준비하고 나가기 바빴는데. 지난겨울부터 지금까지 약 6개월간. 하루 3~4시간 이상 자 본 적이 없었다. 일어난 나에게 엄마가 뽀뽀를 해 주었다. 다 큰딸에게.

"우리 딸 고생했어."

선거는 끝났고 결과는 낙선이지만, 다른 사람들은 다 실패했다고 말할지 모르지만, 나는 뿌듯하고 기뻤다. 나는 실패라 생각하지 않았다. 손수조의 선기, 손수조의 정치를 했다. 부족했지만 끝까지 잘 달렸고, 앞으로가 더 중요한 것이다. 기꺼이 실패할 용기를 갖고 도전하는 일은 나에게 의미 있었다. 모두가 안 된다고 힘들다고 말리는 일이었지만, 도전하지 않았으면 지금의 손수조는 없다. 실패는 누구나 두렵지만 감수하지 않으면 성공도 없다. 도전하지 않으면 그저 아무 일도 일어나지 않는다.

네, 여러분.

이렇게 늦은 시간까지 자리 지켜주시고, 또 성원해 주셔서 감사합니다. 여러분들의 뜨거운 성원에 보답하지 못한 점 죄송합니다.

새누리당이 제1여당으로서 선전해서 기쁩니다.

맨발로 맨땅에 헤딩했던 손수조를 여기까지 만들어 주셔서 감사합니다.

제가 좋아서 정치에 도전했던 만큼, 계속 도전할 겁니다.

열릴 때까지 두드릴 것이고, 언젠가는 열리리라 저는 믿습니다.

-당시 낙선 인사 중-

선거의 상처들

SBS 〈최후의 권력〉 촬영

〈최후의 권력〉이라는 SBS 다큐 프로그램을 촬영하게 되었다.

당시 정의당 천호선 대표, 민주당 정봉주 전 의원, 정은혜 부대변인, 금태섭 전 의원, 국민의 힘 박형준 전 위원, 차명진 전 의원, 그리고 나. 이렇게 다양한 조합의 정치인 7명이 함께 야생에서 등반하며 권력에 대해 통찰하는 프로그램이었다. 정치인 버전 〈정글의 법칙〉 같았다. 장장 34시간을 걸쳐 조지아로 날아갔다. 해발 약 3,800m의 코카서스산맥. 이 고산지대를 7박 8일간 함께 야영하며 정상을 정복해야 했다. 도전은 언제나 설렌다.

〈나꼼수〉 출신 정봉주 의원이 제일 기대됐다. 꼭 한번 만나보고 싶기도 했고, 만나서 이런저런 오해를 풀어나가면 좋을 것 같았다. 정은혜 전 의원과는 친하게 지내던 사이였지만, 다른 분들은 잘 몰랐다. 그래도 TV에서 자주 뵙던 유명한 분들이다 보니, 만났을 때 원래 알던 분들처럼 크게 어색하지는 않았다. 그리고 실제로 친근하게 대해 주셨고, 마치고 다들 너무나 끈끈해져 지금까지도 모임을 하곤 한다. 진영이 다르고 마주칠 일이 별로 없어서 어색할까 걱정했던 정봉주 의원과 천호선 대표도 가까이서 뵈니 너무나 친근한 동네 아저씨 같았다.

매일 매일 우리는 완수해야 할 코스의 목표치를 할당받았고, 매일 다른 1명의 절대권력자를 선출하였다. 매일 가야 하는 길의 성격도 다 달랐고, 뽑힌 리더의 스타일도 다 달랐다. 평탄한 평지가 있는가 하면 험준한 산맥이 있었고, 부드러운 리더십이 필요할 때가 있는가 하면 강력한 리더십이 필요할 때도 있었다. 우리는 어떤 환경 속에서 어떤 리더가 빛을 발하는지 관찰하고 평가했다. 혹독한 비판도 서로 서슴지 않았다. 나와 정봉주 의원은 리더로서 출마하지 않았다. 직접 출마보다는 다른 분들의 리더십을 관전하며 즐기는 편을 택했다.

박형준, 차명진 리더는 강력한 리더십을 발휘했지만, 시민들과의 세심한 소통에서 부족하다는 평가를 받았다. 금태섭, 천호섭 리더는 합리적이고 부드러운 리더십을 발휘했지만, 목표 달성에는 못 미친 부분을 비판받았다. 정은혜 리더는 시민들과의 소통에는 원활했으나 끝까지 시민을 챙기지 못한 공주 리더십이라는 비판을 받았

선거의 상처들

다. 현실판 여의도 정치에서의 우리 모습은 어땠는지 반성하고 평가하기도 했다.

기본적으로 야생에서 등반하는 프로그램이었기 때문에 촬영 환경이 매우 열악했다. 약 일주일간 먹고 씻고 하는 문제들을 산속에서 해결해야 했고, 고산지대의 호흡곤란과 저체온증에 유의해야 했다. 목표 달성을 위해 끊임없이 산을 올라야 했을 때 모두 체력의 한계를 느껴야 했고, 그 와중에 나도 다리에 쥐가 나 주사를 맞았다. 예정된 시간 안에 베이스캠프까지 가지 못해 야간산행을 강행했는데, 선발대를 자처한 정봉주, 차명진 리더 두 분의 심각한 저체온증으로 촬영 위기를 겪기도 했다. 또 한편, 박형준 리더의 발톱이 빠지고 스태프의 부상까지 겹쳐 촬영 중단을 심각하게 고려하기도 했다. 모두가 정신적인 한계를 체험했다. 그 생사의 기로에서 우리는 서로 끈끈해질 수밖에 없었다. 당이 다르고 진영도 다르고 생각이 다르던 간에 우선 우리는 '뭉쳐야 산다'가 되었고 서로 끌어주고 밀어주었다. 국회의원에 당선되면 여야 함께 이곳에서 워크숍을 해야겠다고 생각했다.

등반의 마지막 날. 정상을 정복한 우리는 서로 얼싸안았고, 모두 무사히 촬영을 마친 것에 안도했다. 그날 밤 우리는 모닥불을 피워놓고 둘러앉았다. '불멍'을 하며 각자 여의도 정치권에서 겪었던 이런저런 이야기를 털어놓았다. 산악회 버스 안에서 춤을 추었던 이야기, 고춧가루가 묻은 소주잔을 받아 마셨던 이야기 등 정치인들 끼리만 하는 블랙 개그들을 이어갔다. 이야기들은 선거구제 개편, 개헌, 공천 개혁 등 굵직한 정치 개혁 이슈로 넘어갔고, 예전에 그 어떤 이슈로 맞붙었더라도 정치 개혁에 대해서는 한목소리로 모아졌다. 뒤풀이 때는 막내인 내가 노래 한 곡을 부르며 분위기를 띄우기도 했다. 한국으로 돌아와서도 종종 만나 뵙고 전화 드리며 소통하고 지낸다. 얼마 전에는 천호선 대표와 만나 짜장면을 먹으며, '이런 젊은 보수가 나오면 좋겠다'라는 주제의 의견을 듣고 마음 깊이 새기기도 했다.

선거의 상처들

권력이란 무엇인가?

100만 년 전, 야수가 가득했던 야생의 땅에 최초의 리더가 등장하는데 그 이름이 '빅맨'이라 한다. 서양의 진화 심리학자들은 인류 역사상 가장 이상적인 권력의 형태를 보여준 리더로 '빅맨'을 꼽는다. 왜일까? 빅맨은 권력을 나눈다. 가장 적합한 능력을 갖춘 사람이 그 분야의 리더가 된다. 빅맨은 권력을 나누고 그 리더들과 대화하며 설득하고, 구성원들과 평등한 관계를 설정한다. 빅맨은 자신의 부를 나누면서 신망을 받았다. 모두가 행복해지는 것이 빅맨의 최대 관심사였다.

촬영 내내 내 머릿속을 떠나지 않았던 질문이 있었다.

'권력이란 무엇인가?'

'어떤 사람이 지도자가 되어야 하는가?'

숨이 차오르고, 온몸에 근육통이 오고 고산지대에서 구토하면서 철저히 체력적인 극한의 상황으로 우리 자신을 내몰았다. 그 상황 속에서 지도자의 역할이 어떻게 작용하고, 구성원들이 어떻게 소통하며 합의를 하는지 몸소 겪었다. 지도자가 강하게 압박한다고 성공되는 것도 아니었고, 자유방임으로 풀어준다고 성공하는 것도 아니었다. 그때 그 상황마다 적합한 지도자상이 있었다. 우리는 '시대정신'에 맞는 지도자에 대해 공감했다. 그리고 절대 혼자서는 할 수 없으며, 권력을 나누고 함께 할 때 더 큰 힘을 발휘한다는 것도 공감했다.

민주주의의 현시대에서 권력이란 국민으로부터 위임받은 것이고, 권력은 궁극적으로 국민을 위해 써야 한다는 아주 기본적인 것을 우리 중 몇 명이나 몸소 느끼고 있었을까? 국민의 권력이라는 것, 또한 피부에 와닿지 않는다. 하지만 이번 촬영을 통해 나는 권력이라는 힘의 원리가 원시시대부터 사람이 모인 곳에는 늘 존재하고, 그것이 잘 작동하기 위해서는 진정 국민을 위하고, 국민과 잘 소통하며 나눌 때 그 힘이 커진다는 것을 느꼈다.

현실 정치에서 우리는 왜 이 기본 원리를 잘 작동시키지 못하는 것일까. 첨예하게 대립하고 심지어 몸싸움을 벌이면서 원시시대의 빅맨보다도 후진적인 행태를 보인다. 권력을 나눈다는 것은 원시시대의 이야기일 뿐일까? 우리는 이 지점에서 현재 All or nothing의 선거제도에 대한 문제점을 꼽았다. 50에서 1만 더해서 51%만 받아도 이기는 사람이 모든 것을 가지고 49%의 민심은 등지게 된다. 그런데 이러한 제도에 대한 개혁과 변화는 정작 51%를 받은 winner가 해야 한다는 상황이 아이러니하다. 선거에 당선된 국회의원이 자신들의 권력을 나누고 내려놓도록 법을 고쳐야 하는데 이걸 하지 않는다.

해발 3,800m 고지에서 우리는 훗날 우리가 각자 속한 곳에서 내부를 흔들 수 있는 역할을 한다면, 이 대한민국의 정치판이 조금은 나아지지 않겠냐 하는 이야기들을 나누었다. 촬영한 지 10년이 되어가고 각자 우리는 속한 곳에서 실패와 성공을 거듭하고 있는 듯하다. 나 역시 내가 있는 자리에서 최선을 다하며, 그때의 체험과 느낌을 바탕으로 나의 길을 걸어가고자 한다.

괴물이 되어가는 것 같아

2012년 선거를 마친 뒤 2016년 그다음 선거를 준비해야 하는 4년은 나에게 지옥의 터널 같았다. 정확한 목표 지점을 잃은 채 기계적으로 지내던 날들이었다. 4~5년간 거의 단 하루도 일을 쉬어본 적이 없었다. 월화수목금금금이었다. 그쯤, 나는 점점 괴물이 되어가는 내 모습을 마주했다. 나는 잘 웃기도 하고 울기도 하고, 잘 뛰기도 하고 넘어지기도 하는 평범한 사람이었는데, 점점 나는 형식적으로 웃고, 울음은 찔러도 나오지 않았고. 무게감 있게 걸으려 신경 쓰고 실수는 감추기 바쁜 그런 사람이 되어가고 있었다. 그것은 내가 아니었다.

모 군부대 방문 스케줄이 있었을 때의 일이다.

군 장병들이 도열하여 박수로 우리를 맞아주고 환영했는데 나는 내가 마치 뭐라도 된 듯 으스댔다. 그날 내가 준비했던 무대에 차질이 생기자, 나는 스태프들에게 언성을 높여가며 나무랐다. 도대체내가 왜 그랬을까. 그래 놓고 죄책감도 크게 없었다. 너무나 부끄럽고 후회가 되는 일이다.

나를 만나고자 스케줄을 잡으려는 사람이 줄을 이었고, 기업 회장님과 의원님들 위주로 스케줄을 잡았다. 친구들과는 점점 멀어졌다. 가족들의 걱정은 잔소리로만 치부했고, 듣기 좋은 이야기들만들으려 했다. 잘 모르면서도 고집만 셌다. 아직 어려서 잘 모르고부화뇌동한다는 말을 듣기 싫어 일부러 한번 내린 결정에 대해서는어떤 상황이 닥쳐도 잘 안 바꾸려 했다. 괜히 내가 '어리다'는 부분에 콤플렉스가 있어서 약해 보이지 않으려고 만만해 보이지 않으려고 더 고집을 부렸다.

'내가 처음 정치를 시작했을 때의 진심은 다 어디 갔지?'

'나는 지금 어디에 서 있고, 어디를 향해 가는 거지?'

어느 순간 현타가 왔다. 나를 둘러볼 여유가 없이 앞만 보고 달리다 보니 엉뚱한 곳으로 달리고 있었다. 비행기를 타고 서울로 가던 어느 날. 핸드폰도 되지 않고 잠도 오지 않던 그날, 나는 정신을가다듬고 괴물이 되어 가는 내 모습에 대해 반성하는 편지를 썼다.그리고 솔직한 그 마음을 그대로 다음 내 선거 공보물에 올렸다.

정치는 늘 사람을 상대하는 일이고, 감정 소모가 많아서 반드시 충전이 필요하다. 무작정 열심히 다닌다고 좋은 것이 아니라, 적당히 여유를 가지고 주변과 나를 돌아보며 심장이 굳지 않도록 노력해야 한다. 현실 정치를 떠난 지 5년이 되어가는 지금 내 심장이 말랑말랑해진 기분이라 니무 좋다. 감동도 느끼고 눈물도 나오고 설렘도 느끼고 행복함도 느낀다. 이러한 감성을 잃어버리면 너무 위험한 정치가가 된다고 생각한다. 정치의 가장 중요한 부분 중 하나가 '공감'인데, 감성을 잃어버리면 전혀 '공감'할 수 없다. 저 사람이 왜 슬픈지, 왜 아픈지, 왜 힘든지 공감하지 못한다면 그 심장을 잃어버린 정치인은 무슨 쓸모가 있을까. 입법 기계가 일하면 되지. 정치는 기계가 절대 할 수 없는 사람의 영역이다. 사람은 환경의 동물이라 노출된 환경에 따라 잘 변한다. 그래서 나는 정치에 너무 계속 노출되는 것은 좋지 않다고 생각한다. 3선 제한을 두고 안식년처럼 쉬어가는 것이 여러모로 좋겠다.

출산과 선거

"응애~"

아기 울음소리가 정말 '응애'라고 들렸다.

"아기 엄마, 아기한테 뽀뽀해 주세요."

의사 선생님께서 막 태어난 아기를 바로 안겨주셨다. 수술대 위에서 정신이 없던 나는 아기를 안고 볼을 갖다 대는 순간, 정말 숨이 멎을 것 같았다. 뜨겁다고 느껴질 만큼 아기는 따뜻했다. 내 뱃속에서 방금 나온 이 아기가 내 체온을 그대로 머금고 있었다.

2015년 12월 1일, 첫째 아이를 출산하였다. 내 나이 31세, 예쁜 딸을 얻었다. 살면서 가장 잘한 일, 가장 기쁜 일이다. 당선보다도 더 좋다고 확신한다. 2년 뒤 2017년 7월 22일에는 둘째를 출산하였다. 내 나이 33세. 몸무게가 4kg에 육박하는 건강한 아들이었다. 너무 좋아 소리라도 지르고 싶었다. 지금 글을 쓰는 이 시점 첫째는 8살 둘째는 6살이다. 두 번째 선거에 낙선하고 난 뒤로는 오롯이 두 아이 육아에만 전념했다. 대통령보다 뽀통령을 더 섬겼던 날들이었다.

첫째 아이 임신 때 나는 입덧을 심각하게 했다. 몇 개월을 제대로 먹지 못해 몸무게가 38kg까지 빠졌다. 한 지방 대학에 강의하러 가는 스케줄이 있었는데 전날 링거를 맞고 몸을 추스르고 갔는데도, 가는 길에 차를 몇 번이나 세웠는지 모른다. 머리가 띵하고 구토가 나는 숙취가 몇 개월 계속 지속되는 것과 같았다. 만삭 때까지도 나는 활동을 멈추지 않았다. '그렇게 다니다가 아기가 나올 것 같다'라는 우스갯소리를 듣기도 했다. 현장 봉사활동, 방송 출연, 지역에 기초의원 재·보궐 선거까지 있었기 때문에 또 열심히 선거를 뛰었다. 만삭에는 많이 움직이고 운동을 많이 해야 좋다고 했다.

그렇게 아기를 출산하고, 2~3주가량 회복한 뒤, 바로 두 번째 총선 모드로 돌입했다. 제왕절개 수술을 했던 터라 회복이 더뎌 차에서 내릴 때마다 아랫배를 움켜잡았던 기억이 난다. 내 몸에 너무 가혹한 짓을 했다. 어머니는 겨울이라 몸에 바람이 든다며 옷을 몇 겹을 껴입게 하고 핫팩을 붙이고 장갑을 꼭 끼라고 하셨다. 그때는 무슨 말인지 잘 몰랐는데 정말 겨울이면 손목 발목이 시큰거리고, 손목은 깁스를 한 채 몇 달 또 고생해야 했다. 어머니 말을 잘 안 들으면 고생한다는 것은 만고 진리인가 보다.

아기는 아침에 나올 때 잠깐, 밤에 들어와서 잠깐 볼 수밖에 없었는데 가끔 타이밍이 잘 맞아 깨어 있는 경우에는 한참을 눈 맞춤을 하고 옹알이를 했다. 12월에 출산하고 4월 선거가 끝나는 동안 아기는 뒤집기에 성공하는 역사적인 쾌거를 이루었다. 선거에 또 떨어진 엄마보다 훨씬 훌륭했다. 아기를 두고 일터로 나가는 여성들은 집에도 미안하고 아기에게도 미안하고 일터에서도 미안하다. 무슨 큰 잘못을 한 것도 아닌데, 그 죄책감에서 벗어나기가 쉽지 않다.

또 한 번의 낙선

두 번째 선거는 민주당의 배재정 후보와 무소속 장제원 후보와 경쟁을 했다. 무소속 장제원 후보는 당이 나를 공천하자 이에 불복하여 무소속으로 출마를 했다.

처음부터 이 선거는 공천 싸움이었다. 지역의 전임 국회의원과 신임 당협위원장의 공천 싸움은 본선보다도 치열했다. 경선은 무조건 나에게 불리했다. 돈, 조직, 인력 모든 면에서 나는 열세였다. 철저히 조직선거로 치러지는 경선은 나에게는 하지 말라는 소리와 같았다.

경선에 따른 하향식 공천이 무조건 공정하다고 생각하는 사람들이 있다. 현실을 모르거나 알면서 모른 체하는 것이다. 대다수의 일반 국민에게 오픈되지 않고, 기존 당원들과 여론 주도층을 중심으로 이뤄지는 지금의 경선 방식은 철저히 조직선거이자 돈 선거다. 현역 국회의원이 정말 못 하거나, 신규 출마자가 엄청난 돈과 권력으로 조직을 꾸리는 경우 말고는 신규 출마자가 기존 기득권 토착 세력을 경선에서 이길 확률은 현저히 낮다. 권력자의 마음대로 공천권을 휘두르는 상향식 공천도 문제다. 매번 돈 공천의 오명을 쓰는 것이 비례 공천과 전략 공천이다. 공천은 큰 틀에서 국민 오픈형 경선으로 가야 한다고 생각한다. TV 유튜브 생중계로 그 과정을 투명하게 다 오픈하고 국민 참여형 공천 제도로 시스템을 전면 개정해야 한다.

당협위원장을 하는 동안 나 또한 조직을 정비하고자 피나는 노력을 했다. 상대 진영에서는 '손수조 위원장은 3개월도 못 버틸 것이다.'라고 폄하했고, 끊임없이 조직 활동을 방해했다. 오늘 손을 붙잡고 눈물을 흘리며 함께 하자 했다가도, 내일이면 어쩐 일인지 전화가 안 되곤 했다. 반면 상대 진영에 회의를 느끼고 우리 쪽으로 넘어오는 사람도 있었다. 12개 동 전체 협의회를 구성하고 산악회 30대를 운영하며, 우수당협 표창까지 받았다. 이 정도의 조직 규모면 대한민국 전 당협과 견주어도 내놓을 만한 수준이었다. 지나고 보니 어차피 체급의 차이가 달랐거늘, 왜 거기에 함몰되어 아등바등했는지 속상하기만 하다.

공천 면접 심사를 거쳤고 나는 나대로 내가 후보가 되어야 하는 이유에 대해서 열심히 피력했다. 첫 선거만큼이나 간절하게 매달렸다. 그간 지역구 활동도 새벽부터 밤까지 열심히 했다. 나는 이번에는 꼭 원내에 진입해 일할 기회를 얻을 수 있으리라 생각했다. 면접 결과 내가 공식 후보자로 결정이 되었고 한고비는 넘겼다고 생각했다. 하지만 장제원 후보의 무소속 출마로 지역 선거판은 다시 요동쳤고, 우리 당은 같은 식구였지만, 그 안에서 또 사분오열됐다. 선거 결과는 쓰라린 패배였고, 나의 역부족이었다. 두 번째 낙선은 너무나 큰 충격이었고 나는 멘탈이 나가버렸다. 첫 선거는 나에게 실패로 다가오지 않았기 때문에, 그때부터 준비했던 지금까지의 모든 일이 물거품이 되는 순간에 나는 정신을 놓아버렸던 것 같다. 나를 이때껏 도와주셨던 분들에게 더 이상 드릴 말씀이 없었다. 감사하고 죄송할 따름이다.

All or nothing

　승자독식의 현재 대한민국 소선거구 제도에서 선거에 2등은 없다. 1등 아니면 아무것도 아니다. 어떤 수단과 방법을 동원해서라도 선거는 이기고 봐야 한다고 한다. All or nothing! 'nothing'이 되어 버린 낙선자와 지지자들은 'all'을 가진 당선자와 지지자들에게 완전한 괄시를 받는다. 선거기간 동안 서로 충분히 감정이 상했기 때문에 제대로 된 앙갚음을 당한다.

　'nothing'의 서러움은 이런 것들이다.

　내가 선거에서 떨어진 이후 각종 방송 패널들은 '그것 봐라. 내가 손수조 떨어진다고 했지 않았느냐.' 하는 얘기를 앞다투어서 했다. 얼마 전 내가 출연했을 때만 해도 '문재인 후보를 부산에 묶어두는 역할을 톡톡히 하고 있다.'라고 좋게 평가했었는데, 떨어지고 나니 '잘못된 공천'이라 했다. '당의 이미지에 도움이 되고, 청년들을 많이 모아 함께 잘 활동해달라.' 하셨던 중진 의원님은, 내가 떨어지고 나니 '친박이 문제다'라고 했다.

지역에서는 나와 함께 했던 지지자분들이 상대 진영으로 서서히 옮겨갔다. 나에 대한 정보, 나와 관련된 인맥이 그분들의 무기가 되었다. 하루는 아버지가 식당에서 국밥을 드시는데, 함께 선거를 치렀던 분이 약주를 하시고는 "야! 이 xx야" 욕을 하기에 너무 화가 나셨다고 한다. 잘 될 때는 '위원장님 아버지'가 되고 떨어지고 나니 '이 xx'가 된다. 함께 했던 모두가 죄인이고 서럽고 속상하다.

하루에 수십 통 울리던 전화벨이 한두 번 울린다. 언론 인터뷰는 말할 것 없이 전멸이고, 모임에 초대하거나 언제 한번 보자는 전화도 뚝 끊긴다. 정치를 시작하며 새롭게 알게 된 사람들이 기하급수적으로 늘어나, 전화기에 연락처만 수천 명이다. 하지만 밀물처럼 들어왔던 사람들은 썰물처럼 빠져나갔다. 바로바로 잡히던 미팅 약속도, 스케줄을 문의한 지 한참이 지나도 답장이 없다.

이런 일들을 일일이 마음속에 담아둔다면 정치하기 힘들 것이다. 선거제도가 바뀌지 않는 한 'All or nothing' 게임에서 살아남던지, 아니면 언제든 자기가 'nothing'이 될 수 있다는 것을 감수해야 할 것이다. 그래서 선거는 떨어지고 나서 더 잘해야 하는 법인데, 나는 내 정신 하나 잘 추스르지 못해 주변 분들에게 감사 인사 제대로 다 드리지 못했다. 리더답지 못했고 후회하는 부분이다. 정치를

선거의 상처들

하든 안 하든 평소에 안부 인사나 간단한 식사 한번 하며 지냈어야
했다. 난 육아 핑계를 댔다. 실제로 아기 둘을 돌보느라 내 코가 석
자 이긴 했어도 그 와중에 챙길 건 챙겼어야 했다.

선거가 끝난 후의 일상

많은 것이 무너졌다.

희망의 끈 하나로 끝끝내 버티던 모든 것들이 와장창 무너져 내렸다.

지지자분들도 허탈해하며 뿔뿔이 흩어졌고, 가족들도 기진맥진했으며 빚도 늘었다.

무엇보다 내가 완전히 번 아웃 되어 버렸다. 아무것도 할 힘이 없었고, 아무 생각도 들지 않았고, 앞으로 어떻게 해야 할지도 몰랐다.

'삐 삐 삐 삐 삐~'

멈춰 버린 상태.

100일이 갓 지난 아기가 있었다. 정신을 놓을 때가 아니었다. 나는 오롯이 아기 엄마 전업주부가 되었다. 독박 육아 전쟁이 시작되었다. 선거를 곱씹어보고 되돌아볼 여유라고는 없었다. 머리도 못 감고 밥도 못 먹고 화장실도 아이를 안고 가야 할 정도였다. 잠 못 자는 생활은 선거 때나 육아 때나 계속 이어졌다. 심지어 새벽에도 두세 번을 깨야 했으니 정치와 육아 중 어느 전쟁이 더 치열하냐 물어본다면 단연 '육아'다.

집에 에어컨을 설치하러 오신 기사님이

"어디서 많이 본 분인데…, 손수조 씨하고 비슷하게 생기셨네요."라고 말했다.

점점 사람들의 기억 속에서도 가물가물 잊혀가고 있었다. 선거가 끝난 직후에는 어디를 가든 신경이 쓰이고, 대인 기피증 같은 연예인 병이 있었는데 이 또한 시간이 지나면서 자연 치유되었다. 이제는 완전히 동네 아줌마, 아기 엄마가 되어 자유롭게 다닌다.

집 앞 골목을 쓸고 있는데 옆에서 익숙한 마이크 소리가 들린다. 선거 시즌인가 보다. 유세차량이 내 옆을 쓱 지나가는데 나도 모르게 씩 웃음이 났다.

시간은 빠르게 흘렀다. 문재인 후보가 그다음 대통령에 당선되었고, 지방선거, 총선거 등 몇 번의 선거가 지나갔다. 많은 청년 정치인들이 입문하였고, 그때마다 드문드문 내 이름이 거론되기도 했다.

나는 둘째를 출산했고, 터울이 짧은 두 녀석을 앞으로 안고 뒤로 업은 채 정신없이 육아에 전념했다. 친정과 시댁이 모두 부산에 있으니 부모님의 도움이 정말로 그리웠다. 아침에 눈 뜨면서 시작해 눈 감을 때까지 밥하고 살림하는 일이 무한 반복되었다. 그러다 문득문득 밍해지곤 했다. 가끔 가슴도 답답해서, 자다가 일어나 가슴을 치기도 했다. 팔목 발목은 어디 스칠 때마다 통증이 심각했다. 우울증 같은 건 사치라 생각하고, 내 몸과 마음을 극한으로 몰고 갔다. 그 탓에 훗날 불안장애와 공황장애가 한꺼번에 닥쳤다. 주위 가족들의 도움도 받고, 병원의 도움도 받으면서 많이 좋아졌고 또 이렇게 책을 쓰며 나 스스로를 치유하고 있다.

서른일곱 손수조,
정치를 말하다

서른일곱, 다시 사회로

돌아왔다.

처음 정치권에 입문한 지 만 10년째. 서른일곱. 두 번째 선거를 치르고는 만 5년이 지난 때에, 나는 다시 사회로 돌아왔다. 어디서 부터 무엇을 어떻게 시작해야 할지 아무것도 모르겠다. 오늘 생각하면 이게 맞고, 내일 생각하면 또 이게 틀렸다. 오늘은 '혈기왕성' 했다가 내일은 또 '의기소침' 해진다. 사회 초년생보다 경력단절생이 열 배는 더 힘든 것 같다. 스물일곱 처음 출마를 할 때는 잃을 게 없었고, 그래서 겁나는 일도 없었다. 지금은 자녀들도 걸리고, 나를 지지해줬던 분들도 걸리고, 나를 미워했던 분들도 걸린다. 어느 지점에 목표 깃발을 꽂고 달려야 할지 막막하다.

돌아왔다. 돌덩이 같던 심장이 다시 말랑말랑하게 돌아왔다.

기계처럼 웃었고, 영혼 없는 리액션을 했었다. 찔러도 눈물 한 방울 안 나오는 내가 된 순간, 나는 내가 무서웠다. 감정이 없는 인형 같았다. 그렇게 기쁜 일도, 그렇게 슬픈 일도 느낄 수 없었다. 항상 감정조절을 해야 하고 평정심을 가져야 한다 생각했다. 리더는 절대 눈물을 보여서는 안 된다고 생각했다. 너무나 잘 울고 잘 웃었던 20대의 나는, 어느 순간 나를 감추기에 급급했다. 하지만 지금은 일 마치고 마시는 맥주 한잔으로 소확행을 누리고, 근사한 글귀만 보아도 코끝이 찡하다. 국문과 소녀의 말캉말캉한 심장으로 돌아와 너무나 행복하다. 이 모든 것은 나의 아기들 덕분이다. 거의 불치병 수준이었던 나의 심장에 도대체 무슨 짓을 한 건지, 사랑하고 너무 고맙고 엄마가 다 미안하다.

돌아왔다. 그 모든 것에 감사했던 초심으로 돌아왔다.

자고 일어나니 스타가 되었더라는 말이 꼭 나였다. 너무나 갑자기 언론의 조명을 받았고, 너무나 갑자기 많은 사람의 사랑을 받았다. 어느 순간 그 사랑이 너무나 당연한 것처럼 여겨졌고, 때로는 부담스럽기까지 했다. 내가 선거 초반 블로그에 선거일기를 쓰며, 구독자가 한 명 두 명 늘어날 때의 그 감사함을 잊었다. 일일이 댓글을 달고, 번개로 만나며 소통을 하고 그 한 사람 한 사람의 마음이 어찌나 고마웠는지 모른다. 지금 유튜브를 시작하며 나는 그때의 나로 돌아왔다. 지금의 손수조는 아무도 관심이 없다. 하루에 한 명 두 명 구독자가 늘어나면, 그게 그렇게 기쁠 수가 없다. 내가 한 때는 엄청 잘 나갔었는데 하는 서운한 생각도 든다. 하지만 예전처럼 너무 갑자기 많아지는 것 보다, 이렇게 소소하게 우리끼리 즐기는 것도 너무 좋구나 하는 생각도 든다.

인기가 있다가 없어지거나 권력이 있다가 없어지거나 돈을 순식간에 잃거나 건강을 잃거나 누구나 가진 것을 잃었을 때, 그 꺼져버린 거품을 받아들이기 힘들고 자꾸만 내가 작아지고 땅굴 속으로 파고드는 느낌을 받을 것이다. 그 자존감을 돌이켜 세우는 일은 나 역시 쉽지 않았다. 내가 뭐 대단한 것을 가진 것은 아니지만, 분에 넘치는 관심과 사랑을 받았고 꺼져버린 그 공백에 헛헛한 심정이지만, 나를 다시 바로 세우기 위해 심신을 다스리는 중이다. 나는 할 수 있고, 다시 노력하면 된다. 이 책을 한 장 한 장 써가며 하루하루 일어선다.

남동생과 심기일전

"나 이제 뭐 하면서 살지?"

"니 하고 싶은 거…"

길을 잃은 채 우왕좌왕 방황하기를 꽤 오래 했다. 나 혼자 숱하게 무너졌다 일어섰다를 반복하다가, '시간'이라는 녀석이 나를 치료했을 때 나는 서서히 밖으로 시선을 돌렸다. 가장 만만한 것이 남동생이었다. 실컷 욕을 듣고 싸워도 뭐 아무렇지도 않은, 그럴 수 있지 뭐 하며 다 넘겨버리는, 희한하게 엉뚱한데 늘 정답을 말하는 녀석이 남동생이었다. 내 상황을 아주 진지하게 설명하고, 인생의 근원적인 질문을 했다. 어떻게 살아야 하는지 대답은 간단하고 명료했다. 하고 싶은 일 몰랐던 게 아닌데 이 말을 듣고 싶었던 것일까. 그러니까 그렇게 살 수 있도록 나를 도와달라고 연대 책임을 묻고 싶었던 것일까. 나는 마음이 편안했다.

며칠간 격한 토론이 이어졌다. '그래서 누나가 하고 싶은 일이 무엇이며, 그렇게 살기 위해 무엇을 해야 하는가'에 이르기까지 육두문자와 발길질이 오가며 투덕거리며 낄낄거리며 몇 날 며칠을 그런 인생 이야기를 나누었다. 상담의 대가는 동생이 운영하는 횟집 알바였다. 일을 도와주어야만 장사 후 시원한 맥주와 상담의 시간을 내주었다. 동생은 나보다 훨씬 현실적이고 철두철미한 녀석이었다.

〈손수조TV〉 유튜브를 시작하기로 결론이 났고, 동생과 함께 횟집도 같이 하기로 했다. 서울에서 돼지고깃집을 했던 나는 육고기에서 어류로 콘텐츠는 좀 바뀌었지만, 외식업의 큰 틀에서는 경험이 있었다. 그 경력마저 없었다면 횟집 주변에 얼씬도 못 하게 했을 것이다. 공과 사는 확실하게 구분하고, 사업장에서는 누구보다 예민하게 구는 사장님이었다. 청소부터 시작해서 서빙은 물론이고, 주방에서 설거지부터 물고기 비늘 치는 것까지 아주 기본적인 것을 통과해야 그다음 일을 가르쳐주었다. 그렇게 일과가 끝나면 같이 머리를 맞대고 유튜브 이야기를 했다. 같이 기획하고 찍고 만들었다.

하루하루 정신없이 보냈다. 낮부터 밤까지 가게에서 일하고 밤부터 새벽까지 편집하고 잠깐 자고 일어나서 다시 가게에 나가는 일과였다. 둘 다 처음 하는 일이라 몸은 고되고 시간도 많이 들었지만, 배워가고 키워나가는 재미가 쏠쏠했다. 처음에는 유튜브 찍었던 영상을 다 날리고, 편집하다 날아가고 라이브 방송을 하다가 꺼지고 난리도 그런 난리가 없었다. 그래도 참 재미있었다. 가게에서 신나게 음악을 틀어놓고 춤추며 설거지를 하고, 매일 일 끝나고 뭘 해 먹을지 행복한 고민을 하고, 이번 주에는 라이브 빙송에서 무슨 이야기를 할까 생각하며 서로 깔깔댄 것이 다 힐링이고 나에게는 치료였다.

〈손수조TV〉

유튜브 채널 〈손수조TV〉가 탄생했다. 처음에는 정치만 다루지는 않았다. 그저 손수조의 일상에 조금 정치를 가미한 수준의 채널이었다. 나는 먹고살기 위해 일도 해야 했지만, 내가 좋아하는 정치를 놓고 싶지는 않았다. 시간은 오래 걸리겠지만 조금씩 내 정치 생각과 이야기들을 기록해두면, 나중에 나에게 큰 자산과 힘이 될 것이라 생각했다. 먹고 살기 위해서만 사는 것이 아니라, 늘 내가 꿈꾸었던 그런 정치를 조금씩이나마 이루어가는 과정이라 생각하고 꿈을 포기하지 않고 살고 있다고 스스로 위안 삼기도 했다.

횟집에서 일하고 있던 상황이라 그렇게 많은 애정을 〈손수조TV〉에 쏟을 수 없었다. 물리적인 시간도 부족했고 장비도 부족했고 콘텐츠도 부족했다. 그냥 일단 되는대로 했다. 핸드폰으로 찍어서 핸드폰으로 편집하고 그냥 그대로 올리곤 했다. 라이브 방송도 그냥 핸드폰으로 하고 녹화본을 따로 올리지도 않았다. 정말 그냥 유튜브를 체험해 보는 수준이었다. 구독자도 하루에 1~2명 느는 수준이었고, 라이브 방송 참여자도 4~5명 정도였다. 그런데도 재미가 있었다. 채널을 만들었다는 것 자체가 나에게 좋은 자극이었고 잊고 살았던 도전 정신이 샘 솟았다. 무언가 새로운 시도를 한다는 것 자체가 참 설레었다. 한두 명 느는 구독자가 너무 감사하고, 5명이 떠들고 이야기하는 라이브 방송도 참 재미가 있었다.

주변 친구들의 도움이 있었다. 한 친구가 유명한 유투버였다. 그 친구의 도움을 받아 스튜디오 프로그램을 돌리는 법, 유튜브 섬네일을 만드는 법, 화면 구성 및 알고리즘에 대한 법칙 등 다양한 교육을 받았다. 일을 핑계로 속도는 느렸지만 조금씩 앞으로 나아가고 있었다. 컴퓨터도 하나 구입하고, 캠과 마이크 그리고 크로마키 등 갖가지 장비도 갖추었다. 〈손수조TV〉는 이제 체험판 수준은 넘어서고 있었다. 콘텐츠도 잡다한 일상 내용은 정리하고 정치 콘텐츠 중심으로 하기로 했다.

그래도 대학 시절 방송영상학을 전공하고 대학 방송국 활동을 하며 영상 편집기 정도는 돌려본 경험이 조금이나마 도움이 됐다. 세련된 편집까지는 아니더라도 기본적인 영상 편집과 자막 및 배경음악 작업은 손쉽게 했다. 이제는 라이브 방송도 핸드폰으로 영상통화 하던 수준을 벗어나, 채팅창도 보이고 녹화 편집본도 올리는 등 조금씩 태를 갖춰 나갔다. 하루하루 구독자도 차곡차곡 쌓여 100명을 바라보았고, 라이브 방송에도 10명 정도까지 들어왔다. 매일 매일 구독자 수를 확인하는 것이 꼭 예전 첫 출마 시절 블로그를 쓰며 구독자를 확인하던 때 같았다. 다시 바닥에서부터 시작하는 느낌이라 매우 들떴다.

2030의 정치 놀이터

〈손수조TV〉의 컨셉은 '2030들의 정치 놀이터'였다.

나는 청년 정치를 견인해야 한다는 사명감이 있었다. 손수조는 비교적 어린 나이에 현실 정치를 한 대표 주자 중 한 사람이었고, 당에서 은혜도 많이 입었다. 그리고 그것을 같은 청년 정치인들과 앞으로 정치에 또 도전할 후배 정치인들에게 갚아 주어야 한다는 생각을 늘 했다. 그래서 〈손수조TV〉는 그런 청년 정치인들의 놀이터 같은 공간이 되었으면 한다는 구상을 했다. 채널을 정말 잘 키워서 훗날에는 우리나라의 새로운 정치, 새로운 보수의 중심 역할을 하고 그러한 멤버들의 구심점이 될 수 있는 공간이 되는 것이 〈손수조TV〉의 목표다.

〈손수조TV〉는 '정치 개방'을 지향한다.

나는 정치라는 영역이 최대한 많은 사람들에게 최대한 많은 부분이 개방되면 좋겠다고 생각한다. 일반인이 보았을 때 도대체 정치라는 것은 특정한 사람들만 하는 것이고, 도저히 알 수 없는 방법과 그들만의 리그로 이루어진다는 생각이 들면 그것이 '정치 불신' '정치 혐오'로 이어진다고 생각한다. 그나마 예전에는 '똑똑하고 훌륭하신 분들이 알아서 잘하시겠지' 하는 생각이 있었다면, 요즘 2030들의 생각은 전혀 다르다. 무엇이든 함께 만들어가는 것에 의미를 부여하고, 비록 결과가 좋지 않더라도 함께 참여하고 그 과정을 공유했다면 인정하고 받아들인다. 내가 10년 전 정치에 꿈을 꾸는 청년이었을 때도 그랬다. 도저히 정치가가 되려면 어떻게 해야 하는지 길이 안 보일 때, 왜 정치는 정확하게 되는 길이 없는지 자기들끼리만 하는지 불만이었다.

10년 전 나는 이 정치의 높은 담을 좀 무너뜨리고, 알 수 없는 그들만의 세계에 안개를 걷어서 그 민낯을 공개해야겠다고 작심했다. 직접 후보자로 그 판에 뛰어들고, 일기를 쓰고, 가계부를 쓰고, 대중의 주목을 받을 수 있는 대선후보의 맞수로 나서는 방법을 쓰면서 '정치 개방'을 실행했다. 이번에는 조금 다른 방법일 뿐이다. 내가 그렇게 현실 정치를 하며 보고 느꼈던 여러 가지 정치의 모습에 대해 하나하나 밖으로 이야기를 꺼내고 함께 소통하는 것이다. 그리고 나와 같은 생각을 가진 또 많은 사람을 모아 더 많은 정치 개방을 이루어내고, 더 강한 정치 개방을 함께 해나가면 이 또한 꽤 유의미하다고 생각한다.

'정치 개방'의 궁극적인 목적은 '정치 개혁'과 '정치 세대교체'다. 둑의 고인 물을 개방시켜 물을 흘러가게 함은 결국 새로운 물이 들어오고 물을 맑게 하는 거다. 그간의 정치가 물론 훌륭한 업적들도 많지만, 대한민국에 만연한 '정치 혐오'를 불식시킬 만큼은 아니다. 많은 이들이 정치의 높은 둑이 무너지고 새롭게 바뀌길 갈망한다. 각종 비리, 불공정, 무능력과 같은 기존 정치에 덧씌워진 부정적인 이미지는 차고 넘친다. 그 안에서 당 이름도 바꿔보고 색깔도 바꿔보고 여러 시도가 있었지만 역부족이었다. 완전한 체제 변화가 필요하고 그것은 완전한 사람의 변화가 필수다. 2030 청년의 정치라는 것이 꼭 나이만을 두고 나이 어린 사람을 등용하라는 것이 아니다. 새로운 사람으로 '세대교체'를 하는 것이다. 새로운 체제를 만들어낼 유능한 새로운 사람들도 정치의 물이 한 번 걸러져야 한다. 10년 전이나 지금이나 내가 걸어가는 길은 확실하고 변함없다.

서른일곱 손수조, 정치를 말하다

개혁 보수

〈손수조TV〉의 또 하나 컨셉은 '개혁 보수'다.

유튜브 채널을 구상하는 과정에 있어서 돈과 흥행을 쫓을 것이냐, 좋은 콘텐츠를 쫓을 것이냐 고민을 안 할 수 없다. 여기서 말하는 좋은 콘텐츠란 나한테 좋은, 내가 하고 싶은 콘텐츠를 말한다. 즉, 다시 말하면 내가 하고 싶은 콘텐츠는 돈과 흥행과는 거리가 멀다. 지금 유튜브에 꽤 알려진 정치 채널들은 하나 같이 극우파 이거나 극좌파다. 중간은 없다. 한쪽 관점에서 신랄하게 비판하고 한쪽의 진영 논리를 첨예하게 대변해야만 구독자가 몰리고 돈이 몰린다. 이쪽저쪽 고루 의견을 들어보고 형평성을 갖고 이야기를 하려면 공중파에서 다 하지 굳이 유튜브에서 할 필요도 없다. 그러나 내가 하려는 2030의 정치 이야기, 정치 개방과 개혁의 이야기는 그다지 흥행할 요소는 보이지 않았다.

기존의 손수조 이미지는 '박근혜 키즈'로 대변되는 극우의 이미지가 오히려 강했다. 그도 그럴 것이 활동하는 동안 나는 그다지 개혁적인 목소리를 내지 못했다. 정치 개방을 위해 야심 차게 준비했던 〈3,000만 원 뽀개기〉 프로젝트는 3,000만 원을 넘기는 순간 '거짓말 논란'을 낳았고, 당차게 내 발로 걸어가 정치의 문을 열어젖혔던 패기는 언론의 '박근혜 키즈' 프레임으로 낙하산 이미지로 마무리되었다. 당시 나는 박근혜 전 대통령의 임기 말에 갖가지 논란에 휩싸인 정권을 비호하기 바빴고, 정작 탄핵 정국 속에서는 선거에 낙선하여 정치권을 떠난 상황이었다. 2012년의 손수조를 되찾아 개혁을 이야기하기에는 너무 멀리 와버린 2021년의 손수조였다. 하지만 나는 시간이 오래 걸릴지언정 2011년의 손수조 마인드로 다시 돌아가기로 마음먹었다. 다시 개방과 개혁을 이야기하는 것이다.

역시나 내 얘기는 크게 재미가 없었다. 정치는 대중의 관심이 핵심인데, 나 혼자 그럴싸한 말들을 할 거면 일기나 쓰면 되지 정치를 하고 유튜브를 할 필요가 없었다. 어떻게 하면 흥행을 할 것이고 대중들의 관심을 불러일으킬지는 정말 큰 숙제였다. 우선 무조건 이런저런 시도를 해보는 수밖에 없었다. 춤도 추고 노래도 하고 정치평론도 하고 이것저것 다 해서 올려보았다. 당연히 처음에는 감을 못 잡고 헤매었다. 예전 같았으면 이조차도 정치인이 너무 가볍다는 이유로 주변에서 아주 뜯어말리고 난리가 났을 텐데, 정치를 떠나 잊히고 나니 나에게 아무 신경도 안 써서 오히려 실패하기 참 좋았다. 춤을 추든 노래를 하든 전혀 문제 될 것이 없었다.

사실 꽤 오랫동안 그렇게 갈피를 못 잡을 수도 있었다. 재미도 없고 감동도 없는 아주 갈라치기를 잘해서 내 편을 확실히 모으는 것도 아닌 애매한 유튜브를 한동안 지지부진하게 끌고 가야 했을 것이다. 일을 핑계로 사실 유튜브에 신경 쓰는 건 일주일에 하루 정도가 고작이었으니까. 그때의 내 캐릭터는 확실하게 횟집 알바생이 본캐였고, 정치인은 부캐였다. 취미로 한다는 생각이 강했다.

4.7 재·보궐 선거

역시 정치의 꽃은 선거였다. 박원순, 오거돈 두 광역시장의 실책으로 재·보궐 선거가 열렸다. 선거의 결과가 엄청난 이변이 되었다. 내가 정치를 접고 집에 들어갈 때부터 지금까지 단 한 번도 보수당이 이긴 선거가 없었다. 총선, 대선, 지방선거 거의 모든 선거에서 보수당이 패했다. 그런데 4.7 재·보궐 선거에서는 처음으로 뒤집혔다. 더 큰 이변은 그동안 늘 민주당의 지지 세력으로 분류되었던 2030세대가 사상 최초 보수당으로 넘어온 것이었다. 지켜보는 한 사람으로서 얼마나 가슴 떨렸는지 모른다. 당시 이준석 위원장이 2030 청년들을 유세차에 올리며, 청년 목소리가 이 사회로 번질 때 '아, 이거 정말 잘했구나!' 싶었다. 아주 멋진 기획이라고 생각했는데, 20대 남성의 약 70%까지 국민의 힘 오세훈 후보를 지지하는 것을 보고 정말 깜짝 놀랐다.

　나는 지금 이렇게 정치와 거리를 두며 살고 있지만, 내가 원했던 모습의 정치들이 이루어지는 것을 보는 일은 정말 흥분되는 일이었다. 이준석 위원장과 나는 워낙 첫 정치 입문 시기가 비슷하고 오래 알고 지낸 십년지기 친구라, 많은 공감을 이루고 있었는데 친구가 현장에서 우리 모든 당내 청년들이 원했던 정치를 이루어주고 있다는 것도 참 고맙게 느껴졌다. 우리는 청년 대표 주자로 현실 정치 안에 있었지만, 사실상 청년들의 목소리를 얼마나 대변했느냐 하는 부분에서는 늘 부족함과 아쉬움이 있었다. 나름의 방법으로 청년 세대들과 함께하기 위한 프로젝트들을 했지만, 뚜렷한 성과를 얻기는 힘들었다. 그러나 이준석 위원장이 만들어낸 판 안에서 청년들의 목소리는 폭발했고, 이제 보수정당도 당당하게 청년들의 지지를 받는 정당이 된 것이었다.

　물론 이러한 재·보궐의 결과와 청년들의 지지가 결코 보수당이 잘해서 지지를 받은 것은 아니라 판단했다. 오히려 2030이 보수당을 지지하는 가장 큰 이유는 문재인 정권과 민주당 독주로 인한 실망감 때문이었다. 조국 사태와 추미애 아들 사건으로 대표되는 불공정 논란, 폭등하는 부동산값과 더불어 LH 사태로 빚어진 현 정권의 부동산 투기. 그리고 박원순, 오거돈 두 대표적인 광역단체장의 성추행 논란은 보수파는 물론 이 정권에 기대했던 기존 민주당 지지자마저도 모두 등 돌리게 만드는 일련의 사건들이었다. 문재인 정권과 민주당에 대한 반감 혹은 배신감. 그것이 보수정당으로 시선을 돌리게 하는 계기가 되었다. '아무리 그래도 국민의 힘은 못 찍겠다'하는 심리도 다수 있었지만, 국민의 힘은 스스로가 변화하는 모습을 보이고 그분들에게 팔을 벌렸다고 할 수 있다. 유세차라는 기존 기득권 정치인의 공간을 분노한 청년들에게 내어 주면서다.

이준석, 당 대표 출마

4.7 재·보궐 선거가 끝나고 짬을 내어 이준석 대표와 배현진 최고위원과 같이 시원한 맥주나 한잔하자 했다. 그동안 서로 연락은 하고 지냈으나 잘 만나지는 못했다. 서로가 바빴고, 나 역시 아기들을 돌보고 또 가게도 나가야 해서 정말 시간 내기가 어려웠다. 그날도 횟집 사장님인 남동생에게 온갖 눈총을 받으며 아르바이트를 빼고 저녁 자리에 나갔다. 정말 오랜만에 모인 자리였고, 또 선거 결과에 한껏 고무되어 있어 함께 축배를 들고 싶은 마음이 컸다. 나는 아무 도움도 물론 못 되었지만, 마음만은 굴뚝같았으니까. 그리고 이 감격스러운 순간을 우리 셋은 함께 논의하고 더 나은 방향에 대해 이야기해야만 할 것 같은 사명감도 느꼈다.

나는 이준석 대표와 배현진 최고위원에게 할 말이 있었다. 정치권 밖에서 먹고살기 바쁜 상황에서 〈손수조TV〉를 하는 실정이었지만, 나는 이번 판에 이 기세를 확실히 몰아가야 한다고 직감했다. 전무후무한 2030의 열풍. 이것을 지금 놓치면 우리에게 또 언제 기회가 올지 몰랐다. 나는 이준석 대표와 배현진 최고위원에게 이번 다가오는 전당대회에 꼭 출마할 것을 요청했다. 우리 당의 대표적인 젊은 주자로서, 개혁 보수로서 전면에 나서서 목소리를 내야 한다고 했다. 당 대표와 최고위원을 뽑는 전당대회는 주로 다선 중진들의 선거였다. 당 지도부에 들어가기에는 터무니없는 '0선'과 '초선' 멤버들이기에 서로 '에이... 무슨 소리야!' 하는 분위기였다. 겉으로 표현은 못 했지만, 실망감을 느꼈다. 희생정신 없는 보신 주의에 빠졌구나 하고 느꼈다. 떨어지더라도 실패하더라도 한 몸 불살라주길 바랐는데 전혀 동요하지 않았다.

그리고 불과 일주일 정도 후 이준석은 당 대표 출마를 진지하게 고민하고 있다고 전격으로 발표했다. 그리고 배현진 의원 역시 최고위원 출마 의지를 밝혔다. 역시나 나의 동지들은 나를 실망하게 하지 않았다. 전당대회라는 것이 돈도 많이 들고, 선거도 전국으로 다녀야 하는 일이라 정말 힘들고 고되다. 특히 이번 전당대회는 당 대표와 최고위원 선거를 각각 따로 하기 때문에, 당 대표 선거에 출마했으면 당 대표에 떨어질 경우 최고위원이 되는 것이 아니라 아무것도 아니게 된다. 그래서 거의 출마에 의의를 두어도 무방하다는 각오로 당 대표에 도전해 준 이준석 대표의 결기는 대단히 높게 평가한다. 나중에 들은 이야기지만 이준석 대표 스스로도 1등을 할 줄은 몰랐다고 했다. 적어도 3등 안에는 들겠지 하는 마음이었다고 한다.

레이스는 시작되었다. 이것은 역사적인 도전이었고 그 과정 자체가 역사가 되는 일이었다. 〈손수조TV〉가 지향하는 정치 개방과 개혁 보수의 길이 활짝 열리고 있는 순간이었다. 나는 이 일에 일부 역할을 담당해야만 했다. 이준석과 배현진이 전당대회에 도전하는데 아무것도 하지 않고 있다면 그것은 직무 유기나 다름없었다. 물론 취미로 시작한 〈손수조TV〉였지만, 내가 이 유튜브를 하려고 했던 이유가 무엇인가. 결국은 정치의 개방과 정치 개혁을 이야기하고, 동료 청년 정치인들과 후배 정치인에게 더 나은 정치 생태계를 만들어 주기 위한 것이었기에 지금, 이 순간에 나는 좀 더 정치적인 활동을 해야 했다. 이것은 이준석 후보나 배현진 후보를 위한 일이라기보다는 우리나라 정치의 변화를 이끄는 일이었다. 나는 그때부터 약 한 달간 전국을 다니면서 청년 당원들의 인터뷰를 담아 〈손수조TV〉에 올리기 시작했다.

이준석 후보 지지 선언[SNS 전문]

이준석 당 대표 출마를 지지합니다.

10년 진 어느 겨울. 남영동 롯데리아에서 이준석 당시 비대위원을 처음 보았습니다. 스물일곱에 문재인 대항마라 자처하고 나선 저를 모두가 비웃을 때. 주위에 정치하는 사람이 아무도 없어 막막했을 때. 제가 보낸 페북 메시지 하나 보고 저를 만나줬던 당 지도부. 그 사람이 이준석입니다. 이준석은 지금도 일반 청년들과 담장 속의 정치권을 이어주는 다리 역할을 합니다. 당에서 아무도 못 하는 일을 혼자 합니다. 그래서 지지합니다.

그때 저는 지금의 선거 룰과 시스템이 사회 초년생과 청년에게 너무 불리하다고 토로했고 이준석은 매몰차게 말했죠. 정해진 룰은 따라야 한다고. 그게 자신 없으면 하지 말라 했습니다. 제가 느꼈던 걸 그가 몰랐을까요? 알았습니다. 정해진 룰은 따르겠지만, 그 안에서 살아남아 룰을 바꿀 수 있는 때를 기다린 것입니다. 10년이 지난 지금 저는 현실 정치를 접었지만, 이준석은 당의 대표가 되어 이 변화를 이끌고자 합니다. 그래서 지지합니다.

두 번의 선거와 낙선을 겪으며, 도저히 이 판에서는 안 되겠구나 하고 실망했습니다. 돈과 조직의 싸움에서 체급이 다른 싸움을 더는 버텨내기가 버거웠습니다. 경기장과 룰이 바뀐다는 것은 우리나

서른일곱 손수조, 정치를 말하다

라 정치 100년쯤 지나야 되겠거니 싶을 정도로 요원해 보였습니다. 이준석이 당 대표가 안 되더라도. 당 시스템을 못 바꾸더라도. 이러한 시도가 있다는 것 자체만으로도 유의미하다고 생각합니다. 그래서 지지합니다.

'혼자 꾸는 꿈은 꿈이지만, 여럿이 함께 꾸는 꿈은 현실이 된다.'

더욱더 많은 분이 이 변화의 바람이 현실이 될 수 있도록 함께해 주시면 좋겠습니다. 이준석이 저한테 시킨 것도 아니고, 제가 뭘 바라고 하는 것도 아닙니다. 제가 바라던 정치가 이루어질 것 같아서 그렇습니다. ^^

이준석 돌풍

　　이준석 후보가 처음 등장했을 때 단번에 지지율이 2위, 3위로 치고 올라왔다. 본인도 말했듯이 3등 정도는 할 줄 알았다. 이준석 후보가 정치권에서 이름을 알린 것이 10여 년이었다. 선거에 3번 출마하고, 비대위원, 혁신위원장 등 굵직한 당직도 여러 번 했으며 무엇보다 언론 노출이 누구보다 월등히 많았다. 각종 토론회며 종편 패널로 활약하며 꾸준히 이름을 알려왔기 때문에 여론조사는 그리 걱정되지 않았다. 문제는 당내의 시선과 당원들의 표심이었다. 단 한 번도 국회의원을 해본 적 없는 후보자의 당 대표 출마를 어떻게 바라볼 것인지, 긍정적으로 평가한다고 해도 그것이 과연 당원들의 표로 이어질지가 관건이었다.

　　나는 예전 당내의 미래세대 위원장을 했던 경험을 바탕으로 전국 청년 조직망에 연락을 돌렸다. 서울 경기 대전 세종 청주 대구 부산 울산 강원 제주 전라도까지 연락이 닿는 모든 분과 통화를 하며 현시점의 상황에 관한 이야기를 들어보았다. 그리고 내 의견을 이야기하며 이준석 지지를 부탁했다. 하지만 인터뷰이가 잘 정해지지 않았다. 당내의 분위기가 그랬다. 경선도 다 치러지지 않은 상황이었기에, 그간 당원으로 당내에서 활동했다 하는 분들은 대부분이 이런저런 인맥으로 얽히고설켜, 지금 당장 누구를 지지한다고 하면 꽤 난처한 상황이 되기에 십상이었다. 당 활동을 한 나로서 누구보다 이 상황을 예상했고 이해했다. 초반에는 정말 내 개인 인맥으로 인터뷰이를 구해 아름아름 인터뷰했다.

경선에서 이준석 후보가 여론조사 1위로 본선에 진출했다. 이때부터 분위기는 급변했다. 나에게 먼저 연락이 와서 인터뷰하자고 하기도 했다. 이런저런 눈치가 아직 보이지만 그래도 정치가 바뀌어야 한다는 대의명분에 누가 거부를 하겠냐며, 이 변화의 흐름을 지지한다 했다. 현장에 나가면 나갈수록, 당원들을 만나면 만날수록 힘이 났다. 이준석 개인에 대한 지지도 엄청났다. 변화의 흐름과 이준석 개인의 역량이 합쳐져 이것은 돌풍이 되고 있었다. 연일 언론에서 쏟아져 나오는 여론조사 수치는 내가 현장에서 느끼는 바와 일치했다. 점점 2위와의 격차는 더 벌어졌고, 하루하루 행보가 돌풍의 연속이었다. 함께 응원하는 이들의 열기도 점점 더해갔는데,

선거라는 것이 끝날 때까지 끝난 것이 아닌지라 늘 불안했다. 유례 없는 '0선, 37살' 후보의 당 대표 도전기다 보니, 과연 이 열기가 표심으로 끝까지 이어질 수 있을지 초조했다.

거의 매일 인터뷰하러 다녔고 매일 밤새 편집을 했다. 하루에 전국의 두세 군데를 동시에 가야 하는 상황도 생겼다. 내가 무슨 대단한 기획사를 하는 것도 아니고 말 그대로 1인 미디어다 보니 혼자 기획하고 혼자 촬영하고 혼자 편집하고 혼자 다 했다. 그러다 보니 물리적인 시간이 부족했고 잠이 턱없이 부족했다. 하지만 기껏해야 한 달 프로젝트였고, 지금 좀 안자면 어때 하는 심정으로 임했다. 이준석 후보에게 따로 요청을 받거나 약속을 받거나 한 일은 전혀 없었다. 자유롭게 내가 하고 싶은 방식으로 하면 됐다. 이때 나는 너무나 신나게 작업을 했는데, 오히려 내 지인들은 오랜만에 마주하는 나의 그 모습에 나보다 더 좋아하기도 했다. 모두가 기다렸던 날들이었다.

서른일곱 손수조, 정치를 말하다

기존 정치권의 시선

　처음에는 그저 '출마에 의의를 두고 한번 도전해보는 것이구나' 생각했던 것 같다. 정치권에서는 자신의 자리를 위협하는 경우만 아니면 굳이 적으로 두지 않고 '좋은 게 좋은 거다' 식으로 관계를 잘 유지한다. 그러나 이준석이 2위로 여론조사가 올라오고 1위까지 하게 되자 유력 경쟁자들의 견제가 시작되었다. '어려서 뭘 알겠냐' 식의 묻지도 따지지도 않고 깔보는 논리들이 작동했다. 나를 포함한 정치에 꿈을 가지고 도전한 거의 모든 청년 정치인들이 다 겪는 일이다. 이준석 당 대표의 도전으로 이러한 기존 정치권의 시선들이 고스란히 수면 위로 드러났다.

　유력 주자 중 한 명이었던 주호영 전 원내대표와의 '팔공산 설화'

가 그 도화점이 되었다. 결국, 주호영 대표의 시선은 지금은 '에베레스트산' 즉, 높고 험한 대선이라는 산에 올라가야 하는데, '동네 뒷산'도 못 올라 본 이준석이 당 대표를 할 수 있겠냐 하는 것이었다. '경험 부족'을 지적한 것이었다. 이에 이준석은 '청년들이 관악산과 수락산 즉, 험지에서 도전하고 희생할 때 주호영 대표는 대구 강세 지역에서 팔공산만 다섯 번 오르지 않았느냐?'라고 도전 정신이 없음을 지적하고 나섰다. 이준석의 논리는 여론을 다시 한번 흔들었다. 경험 부족을 근거로 한 불안 심리 조장보다는, 도전하지 않고 변화하지 않는 모습에 대한 반감 심리가 더 컸다. 2012년 첫 선거와 2016년 두 번째 선거에 이르기까지 나에게도 가장 큰 벽은 바로 이 '어리다' '경험이 없다'라는 여론이었다. 그 당시 이 여론을 잠재우지 못했던 건 나의 가장 아픈 실책 중 하나다. 오랜 시간을 두고 계속 나의 경험과 실력에 대해 증명해야 했었는데 많이 부족했다.

그다음으로는 '장유유서' 논쟁이 있었다. 민주당의 유력 대권후보이자 국무총리를 지낸 정세균 총리가 '한국에는 장유유서 문화가 있다'라는 발언을 하면서, 오히려 역풍을 맞게 됐다. 젊은 변화와 도전을 나이와 연공서열이라는 프레임으로 기득권층이 막아서는 장면이 연출되면서 많은 젊은 세대와 국민은 오히려 분노했다. 신선한 젊음과 이른바 '꼰대 정신'이 맞붙는 형국으로 선거 구도가 흘러갔고, 이는 결과적으로 이준석에게 득이 되는 방향이었다. 지난 10여 년간 이준석과 나는 물론이고, 많은 청년 정치인들이 현장에서 느꼈던 이 시선이 전복되는 것을 지켜보며 우리는 설레었고 감격했다. 변화와 혁신을 원하는 사회 분위기는 늘 있었지만, 이것을 제대로 전복시켜주는 사람은 실제로 없었다. 나 역시 그 시선을 뒤엎어 놓지 못했다. 그런데 이준석은 해냈다. 전부는 아니지만, 꽤 많은 부분을 개인의 역량, 개인기로 이루어냈다고 생각한다.

분위기가 이렇다 보니 전당대회가 후반부로 접어들수록 나이와 연공서열을 따지는 분위기는 확 줄어들었다. 오히려 다른 후보님들은 잘못 발언했다가는 '꼰대'로 찍힐까 봐 노심초사하는 분위기였고, 이준석과 함께 개혁적이고 변화를 수용하려는 움직임도 있었다. 실로 꽤 파격적이고 정치사에 처음 있는 일이다 보니, 기존 당원들과 정치권에 있는 분들의 우려는 있었다.

#주호영 vs 이준석 설전을 보며[SNS 전문]

어린놈이 으른한테 대든다.

이렇게 보이실 기에요.

이 동방예의지국에서 말이야. 그죠?

아직은 우리의 감성이 어르신 말씀하시는데 토를 달면 영 불편한 게 사실이죠. 서로 이름을 호명하고 높임말 안 쓰는 다른 나라는 아무리 젊은 사람이 뭐라 해도 '반대 의견' 정도가 되지만, 우리나라는 '거 참 버릇없네'가 되기 십상입니다. 더구나 핵심만 뽑아 짧게 소개되는 기사로만 이야기를 접하면 아주 빼도 박도 못합니다. 아무리 예의범절을 갖춘 청학동 소녀가 온다 한들 정치권에서는 버릇없다 소리 들을 겁니다.

그래서 청년 정치가 참 힘듭니다.

정치가 결국 사람의 마음을 사고 움직이는 일인데, 버릇없어 보이는 젊은 사람한테 마음 주기가 영 내키지 않죠. 그러는 한편 청년 정치인이라면 무릇 당에 쓴소리하고 할 말은 하는 소신파가 되길 바라기도 합니다.

관건은 버티고 이겨 내냐.

이것입니다.

예의를 중요시하는 한국인의 감성을 다 바꿀 수도 없고.

무조건 '네네' 하는 정치인들은 필요 없고.

내 소신 발언하면서도 나이와 경륜으로 까이지 않을 때까지

인정받을 때까지 버티고 이겨내는 겁니다.

이준석은 지금 그 과정 중에 있는 것 같네요.

10년이라면 꽤 많이 버텼고 꽤 인정받았다 생각하고

비대위원, 혁신위원장, 최고위원, 국회의원 선거, 지방선거, 대선 등, 경험도 적지 않다고 저는 생각하는데,

여전히 보시기에 부족할 수도 있습니다.

저는 그저 좌절하지 않고 계속 싸워나가는 첫 주자를 응원하는 것입니다. 저 역시 너무나 힘들었던 그 지점에서 꽤 잘 싸워주고 있는 이 친구가 대단하고, 무엇보다 앞으로 계속 정치를 해나갈 또 다른 청년 정치인들에게도 꼭 필요한 일이 될 것이기 때문입니다.

아무쪼록 화이팅.

다시 박근혜 키즈

이준석 후보가 각광을 받기 시작하면서 그의 정치 입문 과정이 다시 재조명되었다. 10년 전 '박근혜 키즈'가 다시 소환되었다. 이준석과 나는 당시 새누리당 박근혜 비대위원장 시절에 활동을 시작했다. 물론 이준석 후보의 경우 완전한 발탁인사였고, 나는 자발적 후보 등록이라 시작은 달랐지만, 박근혜 비대위원장 체제 안에서 많은 혜택을 누렸다고 생각한다. 그래서 개인적인 감사함과 죄송함 그리고 안타까운 심정을 복합적으로 가진 것이 사실이다. 실제 우리 둘은 사적인 자리에서 만나면 허심탄회하게 이러한 심정에 관해 이야기하기도 한다. 그리고 그 개인적인 감사함을 갚을 수 있는 방법에 관해 이야기하기도 했다.

그리고 역사적인 사실을 직시하고 받아들여 소화해 내야 하는 것도 우리의 임무였다. 이준석 후보의 공식적인 워딩은 이랬다. '박근혜 대통령께는 감사하다. 그런데 탄핵은 정당하다.' 가슴 아프지만 받아들여야 하는 심정으로 이 얘기를 했을 거라 본다. 나는 그 개인적인 감사함 부분에서 충분히 서로 소통하고 그 마음을 알기에 이 말을 잘 받아들였지만, 사실 이 부분에 대해 공감이 없는 상태에서 당원들이 이 말을 들을 경우 상처가 될 수도 있었다. 중요한 것은 법적인 판결이 나왔고, 받아들이고 그 탄핵의 강을 넘어야 한다는 점에서 더 이상 이 이야기를 계속하는 것은 도움이 되지 않는다고 판단한다. 이런 우리에게 '박근혜 키즈가 박근혜를 배신했다.'라는 프레임을 씌운다면, 우리는 더 이상 한 발자국도 앞으로 나아갈 수 없을 것이다.

이준석 후보는 이 부분에 대해 정면 돌파했다. 박근혜 전 대통령의 지지율이 가장 높은 보수의 심장이라 할 수 있는 대구 유세장에서 '박근혜 탄핵 정당론'을 다시 한번 쐐기 박았다. 모두가 조마조마한 심정으로 지켜보았을 것이다. 완전히 배신자 취급을 당하고 지지를 철회하는 일이 벌어질지도 모르는 일촉즉발의 상황이었다. 하지만 그 뒤로 일어난 일들은 놀라운 한 편의 드라마였다. 대구·경북에서의 이준석 지지율이 그 이후에도 떨어지지 않았다. 이 메시지를 대구·경북 당원들이 받아들이고 소화해 낸 것이다. 후보자 본인도 놀라고 나 또한 놀랐다. 물론 일부 당원들의 섭섭함 토로에 대한 목소리도 있었지만, 전체적인 민심과 당심이 크게 다르지 않다는 점을 국민에게 보여 줄 수 있는 좋은 장면이었다고 판단한다.

　탄핵의 국면에 있어 나는 직전 총선에서 낙선 후 모든 정치 활동을 접고 출산과 육아에 전념하고 있었다. TV 뉴스로 들려오는 소식을 들으며 혼자 가슴 치고 우는 것 말고는 아무것도 할 수 없었다. 무기력한 나 스스로에 대한 자괴감, 한 빈도 듣도 보도 못한 최순실이라는 사람에 대한 원망, 대통령에 대한 원망 이 모든 것이 복합적으로 밀려와 수년간 정신적으로 많이 피폐했다. 다시 사회로 나와 이준석 후보의 당 대표 선거를 도우며 전국의 청년들을 만났고, 이 과정에서 나는 탄핵이라는 사건이 젊은 세대에게 꽤 큰 트라우마라는 것을 알 수 있었다. 지금의 30대들이 처음 사회에 관심을 가지고 정치를 바라보았을 때 터졌던 사건이 탄핵이었고, 이들은 이 사건을 이 사회의 가장 큰 부조리와 불공정의 상징으로 여기고 있었다. 우리는 지금의 2030에 그러한 존재였다. 이 강을 넘지 못하면 미래 세대를 안지 못한다. 그리고 그들과 함께 미래로 나아가지 못한다.

이준석과 박근혜 키즈[SNS 전문]

울렁이는 가슴을 다잡아야 한다.

그리고 받아들인다.

"박근혜 대통령께는 감사하다.

그런데 탄핵은 정당하다.

이 얘기를 어디 가나 하는데 무슨 문제인가."

이준석의 말은 나로 하여금 지난 10년을 다시 떠오르게 했다.

'박근혜 키즈'라는 이름으로 이준석과 그 시기에 같이 활동했다. 원조를 따지자면 이준석이다. 나는 그분에게 발탁된 케이스도 아니고, 더 늦게 합류했으니.

이준석은 나와 달랐다. 처음부터 끝까지 달랐다.

이준석은 그분이 찾아가 정치로 끌어들였고,

나는 내 발로 당을 찾아갔다.

이준석은 선거를 관리했고,

나는 선거를 직접 뛰었다.

이준석은 박근혜 정부를 비판했고,

나는 박근혜 정부를 무조건 옹호했다.

이준석은 자기 정치를 하고 있고,

나는 무너져가는 정권을 똑바로 보지 못한 벌을 받고 있다.

이준석과 나는 지금 철저히 다른 길을 가고 있고, 서로 참 다르다는 말도 많이 했지만,

나는 지금 이준석이 하고자 하는 변화와 혁신만큼은 이견 없이 따르고 지지한다.

그 길이 2030이 느끼는 문재인 정권에 대한 울분을 대변해주는 길이며,

우리 당원들이 받았을 그간의 고통을 미래 혁신과 비전으로 보답하게 되는 길이기 때문이다.

언택트 시대의 선거방정식

2012년 첫 출마 당시 나는 〈3,000만 원 뽀개기〉 프로젝트를 하며, 선거에서부터 여의도의 정치 방식을 확 바꿔야 정치가 바뀐다고 말했다. 이준석의 당 대표 선거도 마찬가지였다. 쓸데없이 여의도에 큰 사무실을 빌리지 않았고, 인원동원을 하지 않았다. 차와 기사를 쓰지 않고 지하철을 타고 KTX를 타고 움직였다. 30만 당원에게 하나에 100원 혹은 300원까지 하는 단체 문자를 보내지 않았다. 사진이 많이 들어가는 공보물을 만들지 않고 손글씨로 편지를 썼다. 결과적으로 3,000만 원 안에서 선거를 치러냈다.

선거방식이 다르다는 것은 많은 의미를 내포한다. 우선 사무실을 두지 않고 캠프를 차리지 않았다는 것은 심적으로 물적으로 빚지는 사람이 없다는 것이고, 차후 공정하고 공개적인 인선 작업을 자유롭게 할 수 있다는 의미다. 전당대회에서 이런 시도는 전무후무했다. 보통 전당대회를 하면 여의도에 소재하는 빌딩에 사무실을 차리고 전국적 규모의 캠프를 차린다. 그 안에 각종 직책이 남발하고 조직을 구성하고 인원동원을 하게 된다. 그리고 그 후보가 당선되면 그 캠프에서 일했던 사람들이 주요 당직을 꿰치는 경우가 일반적이다. 그러나 이준석 후보의 대표 공약 중 하나는 당직 인선을 공정한 경쟁 방식으로 공개 채용한다는 것이었고, 이것을 지키기 위해서라도 더더욱 빚지는 사람은 없어야 했을 것이다.

나 역시 선거 때 사무실을 두지 않는 이 방법을 시도했었다. 그러나 국회의원 선거에서 어떻게 지역 조직을 하나도 짜지 않고 구심점 없이 선거를 치르느냐는 비판. 그리고 유권자들과 소통을 하는 공간, 민원을 듣고 처리하는 공간 정도는 있어야 한다는 주변 이야기에 나는 사무실을 냈던 경험이 있다. 현실적으로 봤을 때 이준석 후보는 그만큼 독보적인 언론 인지도가 있었기 때문에 이러한 선거방식도 가능했다. 결국, 지역 조직을 열심히 하던지 언론 인지도를 이준석만큼 쌓던지 양자택일인 듯하다. 분명한 것은 지역 조직이나 언론 인지도나 10년 정도 묵묵히 해왔다는 것에 의미가 있겠다. 포기하지 않고 한 자리에서 묵묵히 그 일을 수행했을 때 얻을 수 있는 값진 성과였다.

사무실만큼이나 큰 비용이 드는 것이 인력 동원이다. 자원봉사자로 쓸 수 있는 법적 인원이 있지만, 사실상 훨씬 더 많은 사람을

서른일곱 손수조, 정치를 말하다

쓰게 되고 따로 돈을 챙겨주는 방식으로 선거를 많이 한다. 정말 심적으로 응원해서 본인 돈 쓰며 도와주시는 자원봉사자도 있지만, 사실 극히 드물다. 아침부터 밤까지 나와서 거리를 돌고 명함을 뿌리고 율동을 하고 커피 접대를 하는 일이 본인 생업을 접어두고 할 수 있는 수준이 아니다. 전당대회의 경우에는 전국 당원 선거이기 때문에 심하게 사람을 쓰면 전국 각 시도별 당협별로 담당자를 다 지정하기도 한다. 뿐만 아니라 체육관 선거를 할 경우 그날 그 현장에서 율동하는 팀, 안내하는 팀 등 현장 인력으로 세력 과시를 하기도 한다. 그러나 이번 전당대회의 경우 코로나 중에 치러진 이유로 전체 모바일 투표가 이뤄졌다. 체육관 선거를 안 했기 때문에 조직 동원의 효력이 약했고, 인원동원도 할 필요가 없어 돈을 훨씬 절약할 수 있었을 것이다. 아이러니하게도 코로나 시즌이 선거 문화에는 큰 도움이 되었다. 앞으로도 굳이 체육관 전당대회 말고 전 국민 모바일 투표를 계속 시행했으면 좋겠다.

청년의 정치

　매달 수억씩 매출이 발생하는 기업체를 가진 회장님도 아니고, 재산이 건물 몇 채 있는 부유한 집안도 아니라면 정치하지 못하는가? 보통의 우리는 건물주가 아니다. 월급 300만 원 정도 받아 월세, 보험, 전화사용료, 공과금 등 이것저것 내고 산다. 그런데 나의 꿈이 정치라면 포기해야 할까? 돈이 많이 든다고 알려진 꿈이 이뿐인가? 음악, 예술, 발레, 의사, 변호사, 운동선수 등등 레슨, 학비, 기타 비용이 들기는 마찬가지다. 돈이 있으면 무슨 일이든 용이하다는 것은 자본주의 사회에서 당연한 일이다. 받아들이고 방법을 찾아야지 포기할 일은 아니다.

　정치는 특히 다른 분야에 비해, 청년들이 하는 일이 아니라는 인식이 아주 팽배하고 공식 시험이 있는 것도 아니며 가르쳐 주는 곳도 없다. 국회의원은 국민의 대표다. 분야별, 직종별, 연령별, 성향별 다양한 사람들이 모여 국민의 목소리를 대변하여 이 나라를 통치하는 법안을 만들고 통과시키는 것이다. 이 미래지향적이어야 하는 곳에 그 미래를 살아가고 책임져야 할 청년들이 없다는 것이 말이 되는가? 국회에 젊은 사람들이 있는 것이 이상한 것이 아니라 없는 것이 너무 이상하지 않은가? 여성은 절대 남성을 다 이해할 수 없고, 비장애인은 절대 장애인을 다 이해할 수 없고, 기성세대는 절대 미래세대를 다 이해할 수 없다. 그래서 각각의 분야를 대표하는 사람들이 고루 국회에 들어가 자기 생각을 이야기해야 한다.

그러나 지금 대한민국의 선거제도는 너무나 기득권에 유리하다. 젊은 세대에게는 불리하다. 스타트업이 대기업과 겨루기 위해서는 스타트업을 키워주는 획기적인 제도 개편이 불가피하다. 지금처럼 몇 프로 가산점 같은 일부 보조금 지원으로는 턱도 없다. 기울어진 운동장을 바로 세우고 공정한 경쟁 기회를 부여받을 방법은 바로 선거제도 개편과 정치인 양성 학교를 설립하는 것이다. 〈The winner takes it all〉 양자 대결에서 이긴 자가 모든 것을 독식하는 지금의 소선거구제에서 벗어나, 복수의 국회의원을 뽑는 중선거구제나 정당에 투표하고 그 정당의 명부 순서에 따라 국회의원을 뽑는 독일식 명부제도와 같은 방식을 연구 도입해야 한다. 선거 때만 되면 이런저런 이름난 청년들을 당에 깜짝 영입해서 쓰고 버리는 것이 아니라, 일본의 마쓰시타 정경숙, 미국의 헤리티지 재단처럼 정치 분야를 체계적으로 배울 수 있는 기관을 세워 인재를 길러내야 한다.

내가 27살에 최연소 국회의원 출마를 하고 나서 10년이 지났고, 지금 대한민국의 국회에는 나보다 어린 분들이 국회의원을 하고 있다. 니와 동갑 친구인 이준석은 당 대표이기도 하다. 꽤 빠른 속도로 청년 정치가 번지고 있다고 본다. 기대와 우려가 섞인 시선으로 우리는 그들을 바라보고 있다. 젊음과 신선함을 기치로 무대에 섰지만, 실망을 안기고 무대를 떠난 이들도 있고, 기대에 부응하며 사이다 발언과 뜨거운 공감 능력으로 의정 생활을 해나가고 있는 이들도 있다. 둘 다 건강하고 필요한 일들이고 우리 사회가 겪으며 앞으로 나아가야 할 일들이다. 청년의 정계 진출은 우리 사회에 필요한 움직임이고, 이 새로운 움직임에 대해 우리는 비용을 치를 수밖에 없다.

선거제도 개혁과 인재 양성 시스템을 만드는 일에 많은 분이 노력 중인 것으로 안다. 새누리당 시절 오신환 의원이 '새누리 정치학교'를 운영했고, 김세연, 정병국 의원도 현재 수년째 청년 정치학교를 설립하여 운영 중이다. 이 정치학교 출신의 많은 인재가 현재 당 비대위, 당 대변인 등으로 활발히 활동하고 있다. 정병국 의원은 현재 당의 인재영입위원장으로 활동하며, 당내의 인재 영입과 양성에 박차를 가하고 있다. 나 또한 현재는 '차세대미래전략연구원'에서 청년 정치학교 운영을 위해 연구하고 있다. 인재 발굴과 양성은 이 사회가 해결해야 할 의무다. 시간이 오래 걸리는 일이겠지만 반드시 누군가는 이러한 움직임을 만들어 줘야 한다고 생각한다. 많은 젊은 세대에게 편안하게 정치를 다가가게 만들고, 젊은 정치인들이 소통하기 위해 유튜브 〈손수조TV〉도 운영하고 있다. 정치의 세대교체는 어느 날, 도둑처럼 올 것이다.

차세대미래전략연구원

10년 전 정치권에 입문하면서부터 지금까지 나는 우리나라에 제대로 된 청년 정치인을 발굴, 양성 시스템이 없다고 꾸준히 지적해왔다. 정당 내부는 물론이고 민간단체는 더더욱 없다. 보수당뿐만 아니라 민주당 역시 이 시스템은 여전히 미비하다. 여러 가지 시도가 없었던 것은 아니다. 새누리당 시절 오신환 의원이 주도한 '새누리 정치학교', 바른 미래당 시절 정병국, 김세연 의원이 주도한 '청년 정치학교' 등 젊은 인재를 발굴하고 양성하기 위한 시도들은 현재 진행형이다. 아주 바람직한 움직임이고 이러한 일들을 위해 노력해주신 선배들에게 정말 감사하다.

한참 활동할 당시 많은 멘토가 있었는데, 그 중 전 농림부 장관을 역임한 장태평 장관이 있다. 나를 만날 때마다 "젊은 정치인들이 많이 길러져야 하고 발굴돼야 한다."라며, 이 '청년 정치학교'에 대한 필요성을 강조하셨다. 그러던 중 약 1년 전, '차세대미래전략연구원'이라는 민간단체를 설립하셨다는 소식을 들었다. 그간 늘 이야기했던 '청년 정치학교' 설립을 위한 단체였다. 그리고 얼마 전, 멘토들이 모여 이러한 단체를 잘 세팅해 두었으니 이제 청년들을 제대로 한 번 모았으면 좋겠고, 그 역할을 맡아 줄 수 있냐는 제의를 받았다. 우리 스스로 만들어도 부족한데, 선배들이 직접 나서 기관을 만들어 주심에 정말 감사했다. 나는 당연히 그 역할을 맡아 일하겠다고 했다.

정치 선진국들의 각 사례를 보면 정당 내부에도, 그리고 외부에도 젊은 세대들이 정치권으로 진입하기 위해 교육받고 활동하는 단체가 많다. 프랑스의 마크롱까지 끌어오지 않아도, 이미 30대 40대들의 국가 정상들을 우린 심심치 않게 보고 있다. 이들의 공통점은 모두 나이는 젊지만, 이미 수십 년간 당 생활과 정치교육을 받은 인재들이라는 점이다.

우리나라 정치권에서 이러한 인재 양성이 빛을 보기 위해 반드시 수반되어야 하는 것은 바로 제도권의 '공천 혁명'이다. 아무리 좋은 인재가 있어도 제대로 쓰임 받지 못하면 헛일이다. 투명하고 공정하며, 예측 가능한 공천 시스템이 반드시 이루어져야 좋은 인재가 제대로 쓰임 받을 수 있다. 나는 이것이 '오픈 경선' 제도라고 생각한다. 모든 공천과정을 TV와 유튜브 생중계로 후보들을 면접 혹은 토론시키고, 국민이 참여해서 후보를 정하도록 해야 한다. 정치 입문 과정이 투명하고 공정하며, 예측 가능하다면 많은 젊은 세대들이 도전하리라 생각한다. 좋은 인재들이 모이고, 잘 교육받아서 정치에 입문할 때 우리나라의 정치 수준도 올라갈 것이다. 이러한 '공천 혁명'은 그 누구도 아닌 현 정치인들이 만들어 줘야 한다. 본인의 권력을 조금 내려놓고 나누면서, 개혁과 미래의 대한민국을 위해 힘을 써줄 기존 정치인 누가 좀 없을까.

서른일곱 손수조, 정치를 말하다

일본의 마쓰시타 정경숙

마쓰시타 정경숙松下 政經塾은 1979년 마쓰시타松下 그룹의 창업자인 마쓰시타가 자신의 사재 70억 엔을 털어 만든 정치인 양성소다. 일본 국내에서 '내셔널', 외국에서는 '파나소닉'이란 브랜드로 팔린 마쓰시타 그룹의 전자제품은 1960년대 말부터 경제 대국에 끼기 시작한 일본 경제의 자화상에 해당한다. 마쓰시타가 정경숙을 세운 이유는 여러 가지가 있다. 그중 가장 흥미로운 것은 '기존의 정치인에게 투자해 일본을 변화시키는 것보다 직접 효율적인 정치인을 길러서 일본을 발전시키는 것이 더 싸게 먹힌다.'라는 경영의 논리이다.

'기업경영=인간경영'으로 본 마쓰시타는 지도자 양성도 경영의 논리로 출발한다.

정경숙 설립 당시 대부분의 정치 관계자들은 '수년 내에 사라질 돈 많은 부자의 취미' 수준으로 봤다. 정치인들의 반감과 질시 속에서 졸업생도 내지 못한 채 사라질 것이란 예측도 있었다고 했다. 기존의 정치가들을 무능한 바보로 만든다는 점에서, 그러나 그 같은 기우들은 1기생이 되기 위해 수많은 인재가 모여들면서 한순간에 사라졌다. 1기생은 전부 23명이다. 대학졸업생, 직장인, 공무원, 전자기술자, 음악가, 축산농부에 이르기까지 다양한 경력을 가진 청년들이었다. 신문 지면을 통해 대대적으로 보도된 당시 1기생 중 입학 인터뷰에 응하는 와세다대학 출신의 젊은 숙생 노다(훗날 노다 총리)의 모습도 볼 수 있다.

정경숙은 필기시험이란 게 없다. '25세부터 35세 사이로 세상에 도움을 주면서 살려는 사람'이라면 지원할 수 있다. 학벌도 필요 없다. 입숙이 결정되면 회사에 다니던 사람은 무조건 퇴직을 해야 한다. 두 가지 일을 동시에 할 수 없고, 아예 배수진을 치라는 의미이다. 입수원서는 내가 걸어온 길과 걸어갈 길에 관한 3,000자 분량의 에세이가 전부다. 이어 곧바로 면접시험을 통해 최종 선발자를 가린다. 면접은 보통 3회에 걸쳐 이뤄진다. 자신의 생각을 선배들 앞에서 밝히는 오픈 스피치 면접도 있다. 말을 얼마나 잘하고, 머리가 얼마나 좋은지를 보는 것이 아니다. 얼마나 실현성 있고 진실성 있게 미래를 설계하는가를 판단한다. 일본 사회에서 가장 중하게 여기는 '신뢰'를 테스트하는 시간이다.

정경숙에서 모두가 구입해서 읽어야만 하는 교과서는 없다. '자습 자득自習自得'이 유일한 공부법이고, '세상에 도움이 되고 믿을 만한 인간이 될 수 있는 모든 내용'이 공부할 대상이다. 마쓰시타의 어록을 중심으로 한 사상과 삶에 관한 공부를 1주일에 한 번 정도 하고, 2주일에 한 번씩 이뤄지는 다도가 유일한 필수 과정이다. 외부 강사가 선생으로 초대된다. 한 번에 2시간 정도 이뤄지는 강의는 외부 강사가 살아온 인생과 하는 일을 알려주는 식으로 진행된다. 지식도 중요하지만, 지혜를 중시하면서 인간적으로 존경이 가는 사람이 외부 강사로 초청된다. 교육과정은 3년이고, 1년째는 기숙사에서 생활하면서 공동연구에 들어가고, 2년째부터 개인 연구로 테마를 찾아 현장으로 간다. 정치가를 지망하는 숙생의 경우 대부분 자신의 출마 지역에서 활용될 수 있는 분야를 연구한다. 연구에 필요한 비용은 전부 정경숙이 댄다.

독일의 영유니온

1947년에 건립된 영유니온The Junge Union은 독일 기민당과 기사당 내에 있는 독립적인 청년 정치 조직이다. 14~35세 청년 당원으로 구성됐으며, 회원은 전국적으로 12만 명에 달한다. 영유니온의 핵심 모토는 '역할을 통한 배움Learning by doing'이다. 지역과 학교 단위에서 이뤄지는 각종 정치 행사와 토론회를 놀이처럼 경험하고, 당직을 맡아 오랜 시간 현장 정치를 배우는 단계를 밟은 끝에 전문 정치인으로 성장하는 구조다. '정치 50%, 놀이 50%.' 영유니온의 표어다. 스스로를 '청년 유치원'이라고 부른다. 10대 때부터 정치를 체득한 이들에겐 청년 정치와 기성정치 사이의 벽이 없다.

영유니온의 신념은 '민주주의는 배울 수 있으며, 배워야만 한다.'라는 것이다. 김나지움(독일의 중등학교)부터 문제의식을 발굴해 토론

서른일곱 손수조, 정치를 말하다

하고, 그 결과를 지도부에 전달할 경로가 트여 있다. 독일은 초등학교부터 대학까지, 군 복무기간 중에도 정치교육을 받는다. 이후 사회로 진출해서도 본인이 원하면 정치교육을 신청할 수 있다. 연방과 주 정부는 정치교육원을 운영한다. 정당도 정당이 설립한 재단을 통해 정치교육에 참여한다. 한마디로 학교를 근간으로 국가·정당·지방자치단체·시민단체·기업이 시스템으로 연결된 평생교육 구조다.

독일에선 국가와 정당이 직접 정치교육에 참여하다 보니 공정성 논란이 나올 수 있었다. 그래서 1976년 교육학자들이 모여 보이텔스바흐 협약Beutelsbacher Konsens을 맺게 된다. 강사가 학생에게 특정 견해를 강요하지 않고 다양한 입장에서 가능성과 대안을 언급하도록 하는 정치교육의 원칙이 이때 세워졌다. 한국에선 고등학교를 졸업하더라도 사회가 어떻게 움직이는지를 아는 사람이 적다. 독일은 정치교육을 통해 '문제를 어떻게 제기하고 어떤 경로를 거쳐야만 정책으로 연결할 수 있는지'를 가르친다. 이를 통해 청년 세대가 정치를 시민 생활의 일부로 인식한다.

국민의 힘 김종인 비대위원장이 당내 청년 정당으로 만든 '국민의 힘'이 바로 이 독일의 '영유니온'을 본떠 만든 것이다. 기존 당 내부에도 청년위원회, 미래세대위원회, 대학생위원회와 같은 청년 조직이 있었지만, 선거 때 인원동원이나 병풍 역할로 있었을 뿐 제대로 교육을 받고 현실 정치와 중앙 정치로 성장해 나가는 동력은 부족했다. 청년의 힘은 이러한 부분을 보다 강화하고, 독립적인 예산권과 인사권을 가지며 야심 차게 출발했다. 하지만 이마저도 김종인 위원장의 임기가 끝나며 흐지부지되는 분위기다. 새누리당 시절 오신환 위원장이 주도한 새누리 정치학교, 그리고 현재는 당 외부에 있는 정병국 의원과 김세연 의원이 교장으로 있는 청년 정치학교가 그나마 우리나라의 청년 정치인 양성 기관이라 할 수 있겠다.

서른일곱 손수조, 정치를 말하다

미국의 공화당 대학생회

대학공화당원은 1892년 5월 미시간대에서 시작된 120년의 역사를 가진 조직이다. 당시 제임스 프랜시스 버크James Francis Burke라는 법대생이 시작했는데 대학마다 동아리 형식으로 대학공화당원이 설립되면서 전국적으로 확대됐다. 현재 미국 50개 주 및 워싱턴 DC 내 1,800개 대학 25만 명의 대학생이 활동하고 있다. 30대 대통령이었던 캘빈 쿨리지Calvin Coolidge를 비롯하여 폴 라이언Paul Ryan 연방하원 의장, W. 부시 대통령의 캠페인 전략가였던 칼 로브Karl Rove, 트럼프 대통령의 선거 캠페인 전략가였던 로저 스톤Roger Stone 등이 대학생회 출신이다.

워싱턴 DC에 소재한 대학공화당원 전국위원회는 미국 전역의 대학에 대학공화당원 지부가 세워지도록 다음과 같은 지침서를 내

보내고 있다.

첫째, 5명을 모아서 회장, 부회장, 재무, 서기, 총무 등 임원으로 세
　　워라.

둘째, 각 임원은 각각 5명을 데리고 와 최소 25명의 회원을 만들
　　어라.

셋째, 후원과 자문을 해 줄 교수를 찾아라. 정치학, 경제학, 경영학
　　교수가 좋다.

넷째, 동아리의 목적, 임원 선거와 의무 등을 담은 헌법을 만들어라.

다섯째, 학교 이름을 앞에 둔 공식 이메일 계좌를 만들라. 트위터,
　　페이스북 계좌를 열어라.

여섯째, 학교에 정식 동아리로 등록해라.

일곱째, 첫 미팅을 계획하라. 날짜와 장소와 시간, 의제를 정하라.
　　동기 부여할 연사를 찾아 초대하라. 첫 미팅에는 음식을 준
　　비하라.

여덟째, 캠퍼스에 회원모집 테이블을 설치하고 참여 학생을 확대
　　하라.

아홉째, 대학공화당원 전국위원회에 등록하고 최신 뉴스와 자료를
　　받아라.

　　　　　　　　　　서른일곱 손수조, 정치를 말하다

이들은 선거철이 되면 'Operation Red November'라는 선거운동을 펼친다. 11월에 열리는 각종 선거에서 대학공화당원 소속 학생들은 공화당 후보를 소개한 유인물을 배포하고 잔디에 후보자의 푯말을 꽂고 유권자에 전화하며 선거운동을 한다. 2012년 미국 대통령 선거에서도 600만 명의 유권자 접촉, 10만 자원봉사시간, 5만 명의 새로운 대학공화당원 회원 추가 등을 목표로 선거 활동을 벌였다.

로널드 레이건 전 대통령은 '대학공화당원은 보수 정치에서 매우 중요한 힘으로 이들은 공화당의 선봉'이라고 높이 평가했다. 홍미로운 것은 힐러리 클린턴 전 국무장관도 공화당 대학생회에 소속되어 있었다는 점에서 알 수 있듯, 대학생회 조직은 정치 이념의 변화에 따라 자유로운 이동이 가능하다는 점이다. 공화당 대학생회가 지도자 양성 과정에 있어 중요한 역할을 하는 이유는 현장 대표(FR^{Field Representatives})라는 존재에 있다. 공화당 대학생위원회를 관리하는 FR은 선거가 있을 때마다 당이 지원자 중 모집해 지역별로 활동한다. 유급이다. 정치에 꿈이 있는 젊은 청년들의 등용문 역할을 해왔다. 많은 정치인이 FR을 경험한 후 싱크탱크 연구원, 공화당 당직자, 연방의회 의원 보좌관, 상·하원 의원 경로를 거쳤다.

책을 마치며

이 책은 나의 치유서다. 책을 쓰면서 나는 나를 돌아보고, 가다듬고, 다시 일어설 수 있었다.

산고의 고통을 겪으며 작가들이 자식을 낳듯 책을 출간하는데, 나도 그만큼 고통을 감내하며 이 책을 낳았다. 절실하게 슬럼프를 빠져나오고 싶었다. 허우적거렸지만 손에 잡히는 것은 아무것도 없었고, 도저히 어찌해야 할 바를 모를 때에 나는 책을 손에 잡았다. 무엇을 쓰겠다는 정확한 목표도 없었고, 어떻게 써야겠다는 구상도 없었다. 그냥 단 한 가지, 내 인생을 정리하고 싶었다.

지난날의 내 인생을 돌아보며 글을 써 내려가는 것은 어렵지 않았다.

있는 그대로 말하듯이 쓰면 되었다. 어쩌면 리즈시절이었다고 해도 과언이 아닌 그때를 떠올리며, 다시 그때의 기분으로 돌아가기도 했다. 그리고 37살의 손수조는 27살의 손수조에게 에너지를 받았다. 쓰고 보니 나의 이 이야기를 한 번도 누구에게 제대로 들려준 적은 없는 듯하였다. 초고를 읽어보신 출판사 대표님의 반응도 좋았다. 점점 자신감이 생겼다.

"손수조의 현재와 미래에 대해, 이제 2부를 써 봅시다."

나의 현재, 그리고 미래, 앞으로 어떻게 살 것인가.

그것이 나의 당시 가장 큰 숙제인데. 그것에 관한 책을 쓰라 하니. 당황스러웠다.

제대로 한번 계획을 세워보자며 설레기도 했다. 뭔가 의욕이 생겼다. 한 페이지 한 페이지 책을 써나가며, 내 인생도 하루하루 채워 나갔다. 1부는 지난 나의 인생을 책으로 써 내려가는 과정이었다면, 2부는 책을 쓰기 위해 내 인생을 살아가고 있는 느낌이었다. 그래서 이 책을 쓰는 데 거의 3년이 걸렸다.

〈손수조TV〉 유튜브 채널을 개설하고, 장례지도사로 전업을 하는 과정은 손수조가 죽었다가 다시 살아나는 과정과도 같다. 이 책을 쓰면서 나는 그렇게 다시 살아났고, 그래서 이 책이 내 치유서이자 산고의 고통으로 낳은 자식이다. 훗날에 내가 이 책을 다시 볼 때, 이 책을 쓰며 한 페이지 한 페이지 인생을 채워가며 살아나던 이때를 그리며 흐뭇해했으면 좋겠다. 더 바란다면 이 책을 읽는 독자들에게 어떤 의미가 되었든 따뜻함이 전해졌으면 좋겠다.

책을 마무리하는 지금 나는 이 책을 시작하던 그때와 비교해서 모든 게 많이 달라졌다. 손수조의 미래에 대해 어느 정도 방향도 잡았고, 심리적 안정도 찾았다. 불안하고 조급하던 '손수조'에서, 여유롭고 의연해진 '손수조'로 나아가고 있다. 완벽한 사람은 세상에 없다. 누구나 조금 미숙하고 불안하다. 그래도 괜찮다. 조금 미숙한 채로 나를 놓아버려도 괜찮다고 말하고 싶다. 시간이 지나야만 눈 녹듯 사라지는 감정이 있고, 해결되는 일이 있는 것 같다. 인간의 의지로 도저히 이겨낼 수 없는 한계가 있으니, 그렇게 몸부림치지 말고 조금 내려놓자. 그리고 하나하나 차근차근 자연스럽게 살아가자.

2022년 4월
손수조

85년생 정치단절녀 이야기

손수조, 장례지도사가 된 청년 정치인

초판 1쇄 발행 2022년 4월 30일

지은이　손수조
발행처　예미
발행인　황부현
편집　박진희
디자인　김민정

출판등록　2018년 5월 10일(제2018-000084호)

주소　경기도 고양시 일산서구 중앙로 1568 하성프라자 601호
전화　031)917-7279　　**팩스** 031)918-3088
전자우편　yemmibooks@naver.com

ISBN 979-11-89877-84-2　03300